山海经里的大怪兽 1

千两／著绘

海南出版社
·海口·

图书在版编目 (CIP) 数据

山海经里的大怪兽：全三册 / 千两著绘. -- 海口：海南出版社, 2023.6

ISBN 978-7-5730-1121-3

Ⅰ. ①山… Ⅱ. ①千… Ⅲ. ①《山海经》–通俗读物
Ⅳ. ① K928.626-49

中国版本图书馆 CIP 数据核字 (2023) 第 063913 号

山海经里的大怪兽 1

SHANHAIJING LI DE DA GUAISHOU 1

作　　者：千　两
责任编辑：刘长娥
策划编辑：刘长娥　崔子荃
封面设计：任　佳
责任印制：杨　程
印刷装订：北京雅图新世纪印刷科技有限公司
读者服务：唐雪飞
出版发行：海南出版社
总社地址：海口市金盘开发区建设三横路 2 号
邮　　编：570216
北京地址：北京市朝阳区黄厂路 3 号院 7 号楼 101 室
电　　话：0898-66812392　010-87336670
电子邮箱：hnbook@263.net
经　　销：全国新华书店
版　　次：2023 年 6 月第 1 版
印　　次：2023 年 6 月第 1 次印刷
开　　本：880 mm × 1230 mm　1/32
印　　张：18
字　　数：194 千
书　　号：ISBN 978-7-5730-1121-3
定　　价：158.00 元（全三册）

目录

南山经

西山经

颙
令丘山
丹穴山
金
虎蛟
鸡山
丹雘
泿水
鱄鱼
金
黑水

南山经

狌狌 xīng xīng

【兽】

【䧿*（què）山·招摇山】

【舜葬西】

原文

有兽焉，其状如禺而白耳，伏行人走，其名曰狌狌，食之善走。——《山海经·南次一经》

狌狌知人名，其为兽如豕而人面，在舜葬西。

——《山海经·海内南经》

狌狌是生活在山谷中的一种动物，通常上百只组成一个群体。它们长得跟猴子差不多，耳朵是白色的，会爬行，也会站着走，会说人话。它们最喜欢的事情是喝大酒，穿草鞋。

据说狌狌能看到过去，但是看不到未来，它只要看人一眼就能知道他的名字。狌狌的肉很美味，吃了它的肉就会健步如飞。

*注：同“鹊”。

狌狌

传说

猎人们捕捉狌狌时，会将美酒和几十双串在一起的草鞋放在路边，聪明的狌狌知道这是个圈套。它们能轻易地从物件中得知猎人的姓名，于是愤怒地喊着这些人的名字并破口大骂：“混蛋！这绝对是在引诱我啊！”然后骂骂咧咧地跑掉了。

可是过不了多久，经不起诱惑的狌狌们又折了回来，它们把猎人下套的事忘得一干二净，大声嚷嚷着相互劝酒，还穿起了草鞋，最后一个个喝得酩酊大醉。这时，暗中观察的猎人瞅准时机立刻出现，吓得狌狌们仓皇失措，但它们被草鞋连在一起，根本跑不起来，轻易就被捉住了。猎人瞅着它们的样子不禁笑道：“狌狌啊，要不你们自己选一只最胖的留下，剩下的就可以走了！”狌狌们听到这话难过极了，他们不忍心出卖伙伴，只能相视而泣。

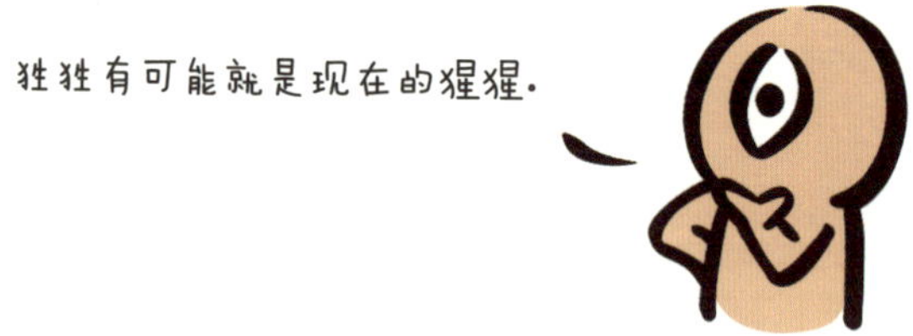

狌狌的捕捉方式

鬼鬼祟祟
狡猾的猎人
!!
酒
① 准备好酒和几双串在一起的草鞋。

哈哈哈……
嘿嘿……
② 等待狌狌喝醉穿好草鞋后突然出现。

③ 这样就抓住狌狌啦。
逮到了!

蝮 fù 虫 huǐ

【蛇】【猨翼山】【羽山】【非山】

原文

又东三百八十里，曰猨翼之山。其中多怪兽，水多怪鱼。多白玉，多蝮虫，多怪蛇，多怪木，不可以上。

——《山海经·南次一经》

又东三百五十里，曰羽山。其下多水，其上多雨，无草木，多蝮虫。——《山海经·南次二经》

又东四百里，至于非山之首，其上多金玉，无水，其下多蝮虫。——《山海经·南次三经》

蝮虫不是虫，是传说中的一种毒蛇。它的鼻子上有针，身上有着绶带般红白相间的花纹。蝮虫也叫反鼻虫，常常栖息在树上。据说，蝮虫最大的有一百多斤重，小的只有手指一般粗细。

蝮虫

鹿 lù 蜀 shǔ

【兽】【杻阳山】

原文

（杻阳之山）有兽焉，其状如马而白首，其文如虎而赤尾，其音如谣，其名曰鹿蜀，佩之宜子孙。

——《山海经·南次一经》

鹿蜀长得像马，脑袋是白色的，尾巴是红色的，身上有虎皮一样的斑纹。它天生一副好嗓音，叫的比唱的还好听。它们四肢发达，善于成群奔跑。据说，披上鹿蜀的皮毛能多子多福，它是一种可以令子孙兴旺发达的吉祥动物。

鹿蜀

旋 xuán 龟 guī

【龟】
【杻阳山·宪翼水】
【密山·豪水】

原文

怪水出焉而东流，注于宪翼之水。其中多玄龟，其状如龟而鸟首虺尾，其名曰旋龟，其音如判木，佩之不聋，可以为底。——《山海经·南次一经》

豪水出焉，而南流注于洛，其中多旋龟，其状鸟首而鳖尾，其音如判木。——《山海经·中次六经》

旋龟看起来像普通的乌龟，却长着鸟的脑袋、龟的身体和蛇的尾巴。它发出的声音像劈柴一样，冷不丁地叫一声容易吓人一跳。据说佩戴旋龟的壳就不会耳聋，它的壳还能用来治疗脚上的老茧。所以每刮掉一层老茧，就会有一只旋龟失去龟壳。

传说，大禹治水时“黄龙曳尾于前，玄龟负青泥于后”，其中为大禹驮土的就是旋龟。

旋龟

鯥 lù

【鱼】【柢山】

原文

有鱼焉，其状如牛，陵居，蛇尾，有翼，其羽在魼*下，其音如留牛，其名曰鯥。冬死而夏生。食之无肿疾。

——《山海经·南次一经》

鯥明明是条鱼，却生活在陆地上。它长得像头牛，有着蛇一样的尾巴，两肋处长有一对翅膀，也可能是腋毛太长造成的错觉。鯥会发出“哞哞”牛叫一样的声音。它在冬天休眠，夏天才出来玩。

据说，吃了鯥的肉可以活血消肿，不再起火疖子，简直就是痘痘克星。

* 注：xié，鱼胁，鱼的肋骨部分。

鮭

类 lèi

【兽】

【亶（chán）爱山】

原文

又东四百里，曰亶爱之山，多水，无草木，不可以上。有兽焉，其状如狸而有髦（máo），其名曰类，自为牝（pìn）牡，食者不妒。——《山海经·南次一经》

类外形像猫，也被称为“灵狸”，头上长着人一样的头发，身上有野性的豹纹。类雌雄同体，可以实现自我繁殖，但也可能是雌性和雄性的外表不易区分。

据说吃了类的肉就不会嫉妒别人了。另一说女人们佩带用它制作的香囊会变得香香的，觉得自己艳压群芳，就不会再嫉妒别人了。

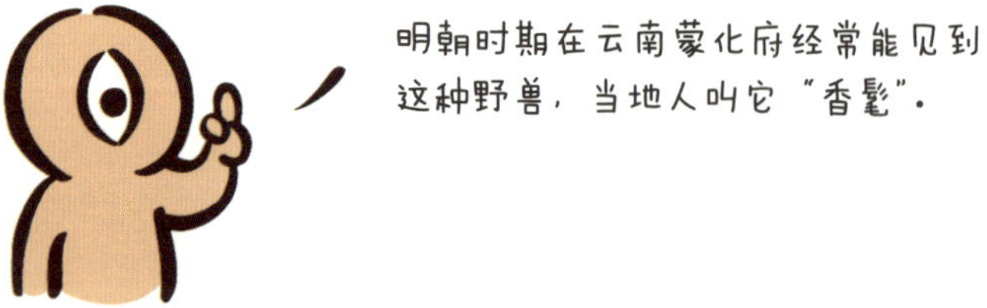

类

猼訑 bó shī

【兽】
【基山】

原文

有兽焉，其状如羊，九尾四耳，其目在背，其名曰猼訑，佩之不畏。——《山海经·南次一经》

猼訑外形像羊，但有九条尾巴、四只耳朵，眼睛长在后背上。据说，披着它的皮毛可以无所畏惧。

猼訑

鵸*chǎng 鵂 fū

【鸟】【基山】

原文

有鸟焉，其状如鸡而三首六目、六足三翼，其名曰鵸鵂，食之无卧。——《山海经·南次一经》

鵸鵂，长得像鸡，有三个脑袋、六只眼、三个翅膀、六条腿，堪称鸟中哪吒。据说，吃了它的肉就很少犯困，不用怎么睡觉。

* 注：据郝懿行笺疏，"鵸盖鷩字之讹，《玉篇》作鷩鵂（biē fū），《广雅·释地》本此文作鷩鵂可证"。

鵿䳑

九 jiǔ 尾 wěi 狐 hú

【兽】

【青丘山】

原文

有兽焉，其状如狐而九尾，其音如婴儿，能食人，食者不蛊。

——《山海经·南次一经》

长有九条尾巴的狐狸，故称九尾狐。它的叫声像婴儿，食肉，还吃人。据说吃了它的肉可以辟邪，免受蛊毒。

九尾狐最初是象征子孙兴盛和帝王之兆的祥瑞之兽，后来逐渐被视为妖怪。传说中国的苏妲已、古印度的华阳夫人以及日本的玉藻前都是九尾狐的化身。这三人都是非常漂亮的坏女人，后来逐渐有了狐狸精的称呼。

九尾狐

传说

大禹为了治水直到三十岁仍未娶妻。一天大禹路过涂山，看到了一只九尾白狐，想起涂山当地的一首民谣："绥绥白狐，九尾庬（máng）庬。我家嘉夷，来宾为王。成家成室，我造彼昌。天人之际，于兹则行。"意思是说，只要见到九尾白狐，这个人就能称王，只要娶了涂山的女子，就可以家族兴盛。大禹认为九尾白狐献瑞，是老天爷在点化他，于是他果断娶了一位叫女娇的涂山女子为妻。之后还有"三过其门而不入"（指大禹治水时三次经过家门都不进去，后用以形容尽心工作，因公忘私）的典故。

九尾狐的化身

最初的九尾狐
是祥瑞的象征。
汉唐时期的狐
妖话本让狐狸
逐渐被妖魔化。
苏妲己
（中国）
华阳夫人
（古印度）
玉藻前
（日本）
于是口碑被害的
九尾狐最终跌落神坛。

灌灌 guàn guàn

【鸟】
【青丘山】

原文

有鸟焉，其状如鸠，其音若呵，名曰灌灌*，佩之不惑。

——《山海经·南次一经》

灌灌长得像斑鸠，叫声像是在骂人，但它是一种吉祥的鸟。

据说这种鸟的肉烤后吃起来味道极其鲜美，而人如果插上它的羽毛就可以不受迷惑或不会迷路。

事实证明，骂人骂得太难听是会被吃掉的，如果不出声，还可以做一只安静的“美少鸟”。

* 注：一说灌灌或作“濩濩”。

灌灌

赤鱬 chì rú

【鱼】
【青丘山·英水】

原文

英水出焉，南流注于即翼之泽。其中多赤鱬，其状如鱼而人面，其音如鸳鸯，食之不疥。

——《山海经·南次一经》

赤鱬乍一看只是普通的鱼，仔细看会发现它长着人的脑袋。它的叫声如鸳鸯，与陵鱼、鰟鱼等同属于人鱼类。据说吃了它的肉就不会生病，还能预防疥疮。

一说赤鱬是深海鲑鱼，在日本海曾发现类似赤鱬的海鱼。

赤鱬

狸 lí 力 lì

【兽】
【柜山】

原文

有兽焉，其状如豚，有距，其音如狗吠，其名曰狸力，见则其县多土功。——《山海经·南次二经》

狸力长得像小猪，叫声像狗。它的脚爪张得很开，有点像鸡爪，善于挖洞筑巢。据推测，狸力的体型应该不大，不然小脚支不起来。

据说狸力出现在哪里，就预示着哪里会出现水患而需要大兴土木。

狸力

鴸 zhū

【鸟】

【柜山】

原文

有鸟焉，其状如鸱（chī）而人手，其音如痺（bì），其名曰鴸，其名自号也，见则其县多放士。

——《山海经·南次二经》

一种长得像鹞鹰的鸟，有着人手一样的爪子，叫声像是在唤自己的名字。据说鴸出现预示着它出现的地方会有有识之士被放逐。

鴸

传说

尧有十个儿子，丹朱是嫡长子，出生时浑身红扑扑的，于是起名为朱。然而丹朱性情骄狂刚烈，人缘也不太好，尧便将天下传给更受百姓爱戴的舜。舜代理主政那段时期，他把四位拥戴丹朱的部落首领（这四位首领被后世传为上古时期的四大凶兽：浑沌、穷奇、梼杌、饕餮）流放到荒蛮之地。丹朱气坏了，因此产生了谋逆之心。不久，他联合了三苗国一起谋反，然而他们在丹水吃了败仗。走投无路的丹朱无颜苟活于世，最后投南海自尽了。死后的丹朱化作了鴸，经常"鴸鴸（朱朱）"地鸣叫，哪里见到鴸，就代表哪里会有有识之士将被放逐。也有传说，丹朱的子孙在南海建立了一个国家，名叫讙头国（或讙朱国、丹朱国），那里的人都跟鴸似的长着翅膀，常在海边捕鱼。

丹朱的故事

传说尧有个儿子
名字叫丹朱。
朱
人缘不好
脾气暴躁
蛮横无理
由于对舜不满
便起了谋逆之心。
看拳！
朱
舜
于是丹朱举兵谋反，
但在丹水被舜打败了。
哇啊——
朱
兵败的丹朱无颜
苟活，便投海自尽了。
打不过……
好丢人……
呜呜……
鴸鴸鴸！
丹朱的灵魂化作了鴸，
被人们视为不祥的象征。

长 cháng 右 yòu

【兽】【长右山】

原文

有兽焉，其状如禺而四耳，其名长右，其音如吟，见则郡县大水。 ——《山海经·南次二经》

长右长得像猴子，有四只耳朵，它叫起来就像无病呻吟。据说有它出现就意味着当地要发生洪灾，也可能因为发大水时长右会跑到高处容易被人发现。

长右

猾 huá 褢 huái

【兽】
【尧光山】

原文

有兽焉，其状如人而彘（zhì）鬣（liè），穴居而冬蛰，其名曰猾褢，其音如斫（zhuó）木，见则县有大繇（yáo）。

——《山海经·南次二经》

猾褢长得像人，身上有猪鬃一样的硬毛，会发出伐木似的叫声。它生活在洞穴里，冬天会冬眠。据说这种野兽出现在哪里，哪里就有繁重的徭役；它也可能是不小心被人从洞里挖出来的，如果社会安定有序，人们便看不到它了。

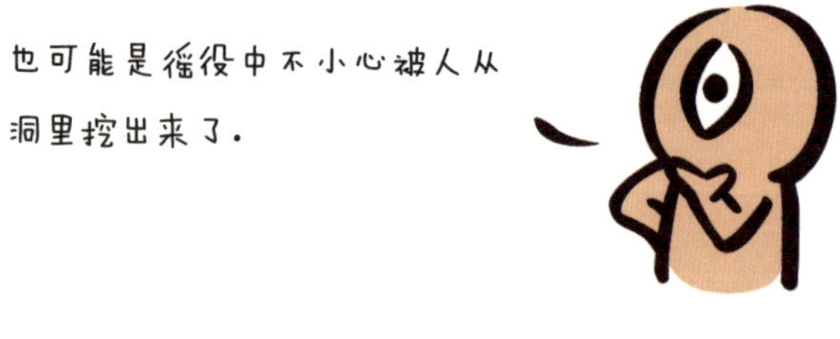

猾褢

彘 zhì

【兽】

【浮玉山】

原文

有兽焉，其状如虎而牛尾，其音如吠犬，其名曰彘，是食人。　　——《山海经·南次二经》

彘长得像老虎，有根牛尾巴，叫声像狗。这种野兽是大水的象征，能吃人。

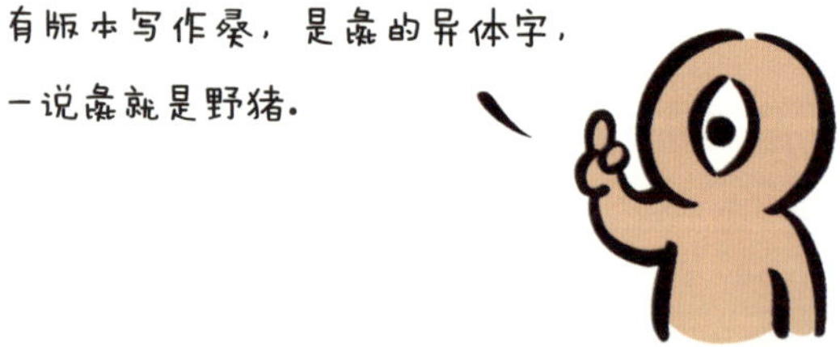

䍺 huán

【兽】

【旬山】

原文

有兽焉，其状如羊而无口，不可杀，其名曰䍺。

——《山海经·南次二经》

䍺看起来是只黑色的羊，虽然没有嘴巴却不会饿死。

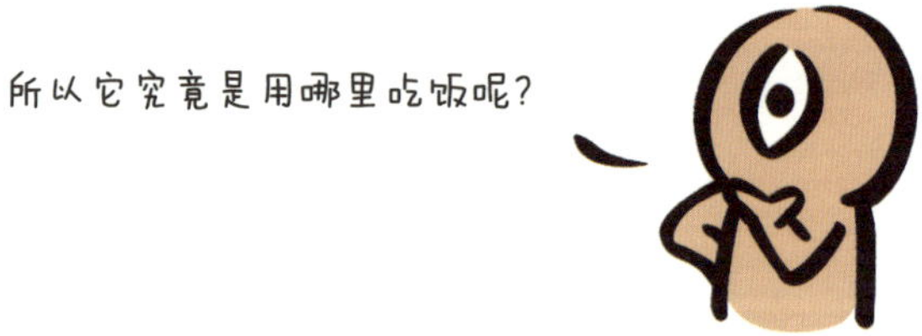

䍺

蛊 gǔ 雕 diāo

【兽】

【鹿吴山·泽更水】

原文

有兽焉，名曰蛊雕，其状如雕而有角，其音如婴儿之音，是食人。——《山海经·南次二经》

蛊雕是一种水兽，长得像雕，头上有犄角，身后有尾巴。它有鸟的嘴巴，豹子一样的身子。它的叫声像婴儿一般，还会吃人。

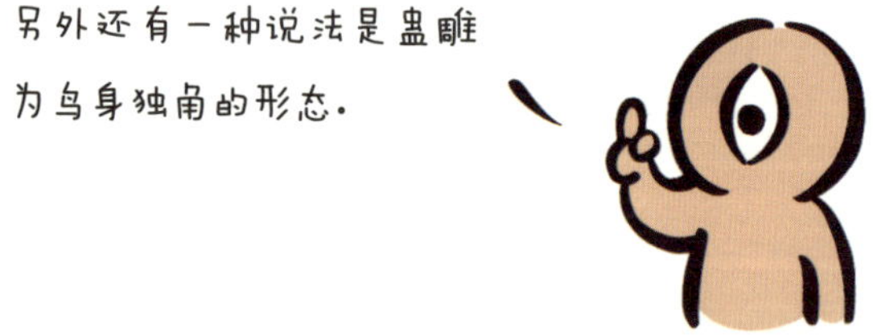

蛊雕

瞿 qú 如 rú

【鸟】【祷过山】

原文

有鸟焉，其状如鸡而白首，三足、人面，其名曰瞿如，其鸣自号也。——《山海经·南次三经》

瞿如是一种长得像鸡* 一样的鸟。瞿如有三只脚，脑袋是白色的，长着和人一样的脸，它的叫声就像是在呼唤自己的名字。

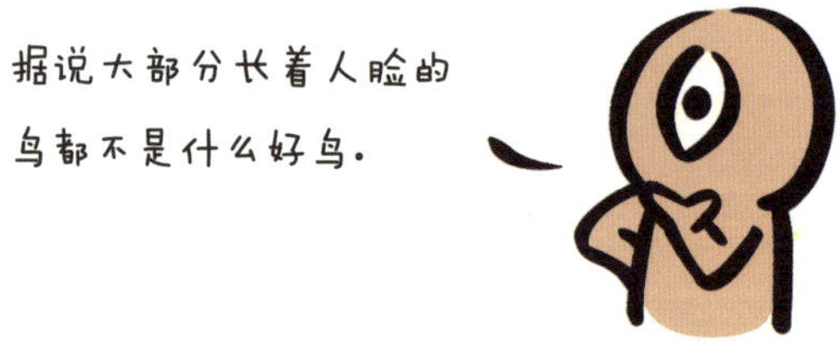

* 注：详见第二册 P026。

瞿如

虎 hǔ 蛟 jiāo

【兽】
【祷过山·泿水】

原文

泿水出焉，而南流深于海。其中有虎蛟，其状鱼身而蛇尾，其音如鸳鸯，食者不肿，可以已痔。

——《山海经·南次三经》

虎蛟长着鱼的身体，蛇的尾巴，身上有鳞片，还长着四只脚。它生活在水里，叫声像鸳鸯一样。据说吃了它的肉就不会浮肿，还能治痔疮。

虎蛟

凤 fèng 皇 huáng

【鸟】

【丹穴山】

【南禺山】

【开明兽西】

【开明兽北】

原文

有鸟焉，其状如鸡，五采而文，名曰凤皇，首文曰德，翼文曰义，背文曰礼，膺文曰仁，腹文曰信。是鸟也，饮食自然，自歌自舞，见则天下安宁。

——《山海经·南次三经》

佐水出焉，而东南流注于海，有凤皇、鹓（yuān）鶵（chú）。

——《山海经·南次三经》

开明（兽）西有凤皇、鸾鸟，皆戴蛇、践蛇，膺有赤蛇。

——《山海经·海内西经》

开明（兽）北有视肉、珠树、文玉树、玗（yú）琪树、不死树。凤皇、鸾鸟皆戴瞂（fá）。

——《山海经·海内西经》

凤皇即灵兽凤凰，百鸟之王，与麟、龟、龙合称为“四灵”。雄为凤，雌为凰，是吉祥仁德的象征。凤皇身披五彩羽毛，经常载歌载舞。头上的花纹呈“德”字，翅膀的花纹呈

凤皇

“义”字，背部的花纹呈“礼”字，胸部的花纹呈“仁”字，腹部的花纹呈“信”字。这种鸟饮食自然，它非梧桐不止，非练实不食，非醴泉不饮，非太平盛世不出。

传说

黄帝即位的时候，顺应天道实施德政，天下太平，却一直没有见到凤凰飞来。黄帝百思不得其解，只能整天想象着凤凰的样子，对凤凰不来的事耿耿于怀，于是他召来天老询问：“凤凰到底长什么样啊？”

天老说：“凤凰从前面看像大雁，从后面看像麒麟；有蛇一样的脖子，鱼一样的尾巴，背上有龙纹，身体像乌龟，有燕子一样的下颚，鸡一样的喙。它负载着仁德和忠义，发出的鸣叫小如击金，大如擂鼓。凤凰一展翅，五彩缤纷的羽毛便闪闪发光。当它在天空翱翔，便可带动八方的风雨。凤凰饮食高洁，凤凰初现之时即文明之始，将来再现之日必是取得了很好的成就之时。凤凰才能通天晓地，它识得音律，拥有九种品德。”

黄帝听了之后十分感慨：“哎！这样我还怎么敢祈求凤凰的降临呢！”

后来黄帝便想开了，他穿上黄袍，系上黄带，戴上黄帽，在宫中进行斋戒。不久，凤凰遮天蔽日而来，从此便留在黄帝东边的园囿中，栖息在梧桐树上再也没离开。

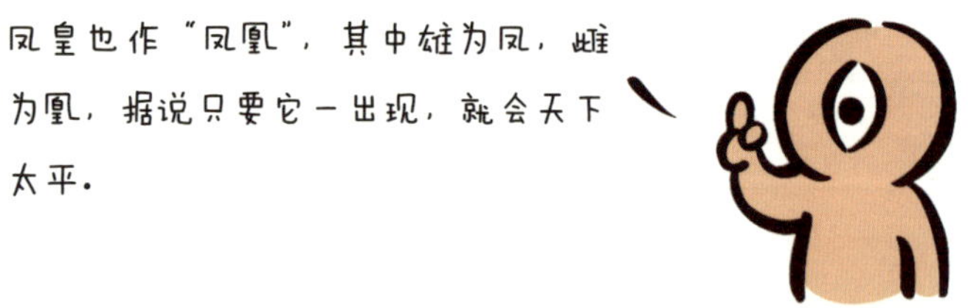

凤皇的组成

鱄 tuán 鱼 yú

【鱼】

【鸡山·黑水】

原文

其中有鱄鱼，其状如鲋（fù）而彘毛，其音如豚，见则天下大旱。——《山海经·南次三经》

鱄鱼是一种淡水鱼，长得像鲫鱼，有着猪鬃一样的毛，声音像猪叫。据说它一出现，天下就会发生大旱灾，也可能是出现旱灾后水位下降，鱄鱼露了出来。

传说专诸刺王僚时，将剑藏在鱼腹中，而这只藏剑的鱼就是鱄鱼，因此专诸后来也被称作“鱄诸”。一说是鲐鱼。

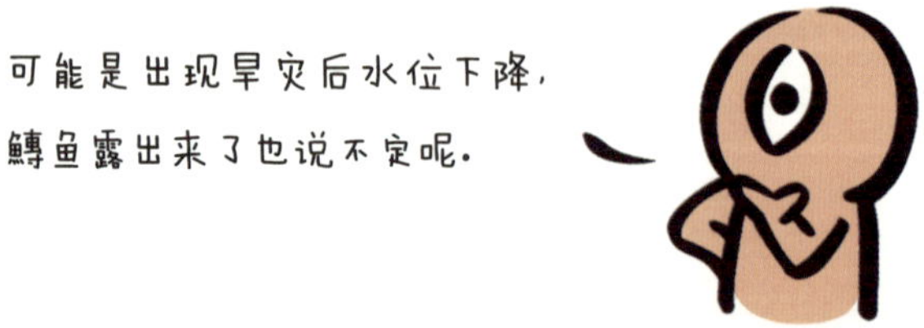

鱄鱼

颙 yú

【鸟】【令丘山】

原文

有鸟焉，其状如枭，人面四目而有耳，其名曰颙，其鸣自号也，见则天下大旱。——《山海经·南次三经》

颙是一种怪鸟，长得像猫头鹰，有人一样的脸，四只眼睛，还长着两只耳朵。它的叫声也像是在叫自己的名字。

和鱄鱼一样，它的出现是天下大旱的征兆。传说万历二十年（1592），一群颙出现在豫章（现南昌）城宁寺，不断啼叫，结果当年的夏天异常炎热，滴雨不下，果然出现了严重的旱灾。

颙

天帝山
栎
杜衡
嶓冢山
䔄蓉
人鱼
羭次山
橐𩇯
婴垣玉
赤铜
丹水
铁

西山经

羬*qián 羊 yáng

【兽】【钱来山】

原文

有兽焉，其状如羊而马尾，名曰羬羊，其脂可以已腊（xī）。

——《山海经·西次一经》

羬羊外表长得像羊，却长着马尾，身高有六尺（约 1.2 米）。古游牧民族月氏族就养殖这种羊，据说涂了这种羊的油脂可以治疗皮肤干裂。

* 注：一音 xián。

羬羊

螐 tóng 渠 qú

【鸟】【松果山】

原文

有鸟焉，其名曰螐渠，其状如山鸡，黑身赤足，可以已𦢊*（báo）。——《山海经·西次一经》

螐渠也叫“庸渠”“章渠”。它长得像山鸡，身子是黑色的，脚爪是红色的，相当普通。据说，这种鸟可以躲避灾祸，它的油脂还能缓解人的皮肤干燥。

*注：一作𦢊。

鵪渠

肥 féi 蟦 wèi

【蛇】

【太华山】

原文

有蛇焉，名曰肥蟦，六足四翼，见则天下大旱。

——《山海经·西次一经》

肥蟦是一种奇特的毒蛇，它有四个翅膀、六只脚，应该能飞也能跑。据说商汤时期这种蛇曾出现在阳山下，只要它一出现，天下就会发生大旱灾。

《山海经·北山经》中也有一种蛇叫肥遗（féiwèi），不过是两种不同的蛇哦！

肥遺

赤鷩 chì bì

【鸟】【小华山】【嶓冢山】【牡山】【岷山】

原文

鸟多赤鷩，可以御火。——《山海经·西次一经》

兽多犀、兕、熊、罴，鸟多白翰、赤鷩。

——《山海经·西次一经》

其兽多㸲牛、羬羊，鸟多赤鷩。

——《山海经·中次四经》

其鸟多翰、鷩。——《山海经·中次九经》

一说赤鷩就是红腹锦鸡，长得像山鸡但体形更小一些。它毛色鲜艳，腹部和尾巴是红色的，背部是黄色的，头是绿色的，冠子是金色的。据说这种鸟可以防御火灾。

据郭璞注释，“赤鷩，山鸡之属”。《博物志》中记载，山鸡有美丽的羽毛而且很自恋，天天对着湖水照镜子，最后看得眼花把自己淹死了。希腊神话中那喀索斯的故事也很类似，那喀索斯爱上自己水中的倒影，最后憔悴而死，化为水仙花。

赤鷩

葱聋 cōng lóng

【兽】
【符禺山】

原文

其兽多葱聋，其状如羊而赤鬣。

——《山海经·西次一经》

葱聋，亦作“葱茏”，外形看起来像一只普通的羊，却长着黑色的脑袋，红色的胡子。

葱聋

䳄 mín

【鸟】
【符禺山】

原文

其鸟多䳄，其状如翠而赤喙，可以御火。

——《山海经·西次一经》

䳄长得像翠鸟，身体是绿色的，嘴是红色的，很美丽。据说饲养䳄也可以防火。

鴖

鲑鱼 bàng yú

【鱼】
【英山·禺水】

原文

禺水出焉，北流注于招水，其中多鲑鱼，其状如鳖，其音如羊。——《山海经·西次一经》

鲑鱼长得像乌龟，有一条鱼尾巴和两只脚，叫声像羊一样“咩咩”的，不知道吃了它的肉会怎么样。

一说鲑鱼其实就是一种河蚌，
一说其是一种甲鱼。

鲑鱼

肥 féi 遗* wèi

【鸟】
【英山】

原文

有鸟焉，其状如鹑，黄身而赤喙，其名曰肥遗，食之已疠，可以杀虫。——《山海经·西次一经》

英山上的肥遗是一种鸟，外形长得像鹌鹑，它的羽毛是黄色的，嘴巴是红色的，体型跟雏鸡大小相近，应该很可爱。据说吃了它的肉可以治疗恶疮，还可以杀死体内的寄生虫。

* 注：《西山经》英山上的肥遗是一种鸟，而在《北山经》嚣水和肥水中也有一种名为肥遗的蛇，一头两身，它的出现预示着旱灾。

肥遗

人 rén 鱼 yú

【鱼】
【竹山·丹水】
【龙侯山·决决水】
【熊耳山·浮豪水】
【傅山·厌染水】
【阳华山·杨水】
【朝歌山·浯（wǔ）水】
【葴山·视水】

原文

丹水出焉，东南流注于洛水。其中多水玉，多人鱼。

——《山海经·西次一经》

决决之水出焉，而东流注于河。其中多人鱼，其状如鯑鱼，四足，其音如婴儿，食之无痴疾。

——《山海经·北次三经》

浮濠之水出焉，而西流注于洛。其中多水玉，多人鱼。

——《山海经·中次四经》

厌染之水出于其阳，而南流注于洛，其中多人鱼。

——《山海经·中次六经》

杨水出焉，而西南流注于洛，其中多人鱼。

——《山海经·中次六经》

浯水出焉，东南流注于荥，其中多人鱼。

——《山海经·中次十一经》

视*水出焉，东南流注于汝水，其中多人鱼，多蛟，多颉。

——《山海经·中次十一经》

*注：又写作瀙。

人鱼

人鱼是一种长着四只脚的鱼，最大能长到八九尺（2.6～3 米）长，发出的声音像婴儿啼哭。人鱼虽然是鱼，但常用四脚行走。据说吃了这种鱼的肉就会变聪明，还可以预防痴呆。

传说

人鱼生活在山溪间，长得像鲇鱼，有四条腿、长尾巴，还可以爬树。据说，如果遇到了旱灾，它会含一口水爬上山，把草叶盖在自己的身上，张开嘴巴。这时鸟儿就会飞过来饮水，人鱼便一口将它吃掉。着实是一种“心机鱼”。这种鱼本来是有毒的，不能食用，但聪明的人类也不是没有办法。据说，土著会将它绑在树上，用鞭子抽打，等人鱼流出白汁，这样再吃就不会中毒了。

据说人鱼就是大鲵，即娃娃鱼，与半人半鱼的那种人鱼不是一个品种。

人鱼的捕猎方式

豪 háo
彘 zhì

【兽】
【竹山】

原文

有兽焉，其状如豚而白毛，大如笄（jī）而黑端，名曰豪彘。

——《山海经·西次一经》

豪彘长得像猪，脚像猫爪，一身白毛。它的毛很粗，就像发簪一样，尖端是黑色的。豪彘公母长得差不多，也有说它们是雌雄同体。据说豪彘只要身躯一震就可以将身上的尖刺发射出去，但它们似乎从来没有秃顶的困扰。

一群豪彘能有二三百只，对庄稼有很大的破坏力，可把农民害惨了。

豪彘

橐 tuó 𩇯 féi

【鸟】

【羭次山】

原文

有鸟焉，其状如枭，人面而一足，曰橐𩇯，冬见夏蛰，服之不畏雷。——《山海经·西次一经》

橐𩇯是长得像猫头鹰的怪鸟，长着人一样的脸，只有一只脚。它夏天会夏眠，冬天才出来玩。据说，如果穿上这种鸟的羽毛制成的衣服，就再也不怕打雷了。

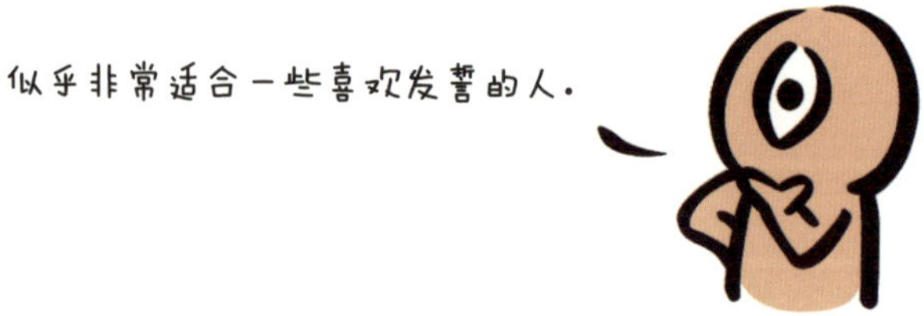

橐𩇯

栎 lì

【鸟】
【天帝山】

原文

有鸟焉，其状如鹑，黑文而赤翁，名曰栎，食之已痔。——《山海经·西次一经》

栎长得像鹌鹑，脖子上的毛是红色的，身上有黑色的花纹。据说，吃了这种鸟的肉就再也不会生痔疮，是吃不到虎蛟的备用方案。

栎

嫈 yīng 如 rú

【兽】
【皋涂山】

原文

有兽焉，其状如鹿而白尾，马足人手而四角，名曰嫈如。

——《山海经·西次一经》

嫈如是一种长得像鹿的奇兽，头上有四只角，长着白色的尾巴。它的前脚像人手，后脚像马蹄，吃它的肉似乎没有什么特别的功效。

玃如

数斯 shù sī

【鸟】【皋涂山】

原文

有鸟焉，其状如鸱而人足，名曰数斯，食之已瘿（yǐng）。

——《山海经·西次一经》

数斯看起来像鹞鹰，但爪子长得像人的脚丫子。据说如果吃了它的肉，就能治好脖子上的大瘤子，另一说是可以治疗癫痫。

数斯

鸓 lěi

【鸟】
【翠山】

原文

其鸟多鸓，其状如鹊，赤黑而两首，四足，可以御火。

——《山海经·西次一经》

鸓看起来像喜鹊，长着一个身子，两个脑袋，四只脚，羽毛是红黑色的。据说，这种鸟可以预见火灾，饲养它能防火。

鸓

鸾鸟 luán niǎo

【鸟】

【女床山】

【开明兽西】

【开明兽北】

【榣山】

【附禺山】

原文

有鸟焉，其状如翟而五采文，名曰鸾鸟，见则天下安宁。——《山海经·西次二经》

开明西有凤皇、鸾鸟，皆戴蛇践蛇，膺有赤蛇。

——《山海经·海内西经》

开明北有视肉、珠树、文玉树、玗琪树、不死树。凤皇、鸾鸟皆戴瞂。——《山海经·海内西经》

有五采鸟三名：一曰皇鸟，一曰鸾鸟，一曰凤鸟。

——《山海经·大荒西经》

东北海之外，大荒之中，河水之间，附禺之山，帝颛顼与九嫔葬焉。爰有鸱久、文贝、离俞、鸾鸟、皇鸟、大物、小物。有青鸟、琅鸟、玄鸟、黄鸟、虎、豹、熊、罴、黄蛇、视肉、璿瑰、瑶碧，皆出卫于山。

——《山海经·大荒北经》

鸾鸟

鸾鸟是传说中的一种瑞鸟，跟凤凰属于一类。它长得像山鸡，身披五彩斑斓的羽毛，叫声动听如铃音，会在安宁的国家中载歌载舞。只要它一出现，天下就会太平。据说周成王时，西戎就曾献上过一只鸾鸟。

传说，五彩鸟有三种，一是皇鸟，二是凤鸟，三是鸾鸟。鸾鸟分雌雄，雄鸟名鸾，雌鸟名和。古时皇帝车架上所用的铃晃动时发出的声音很像鸾鸟的叫声，后来便称之为“銮”。

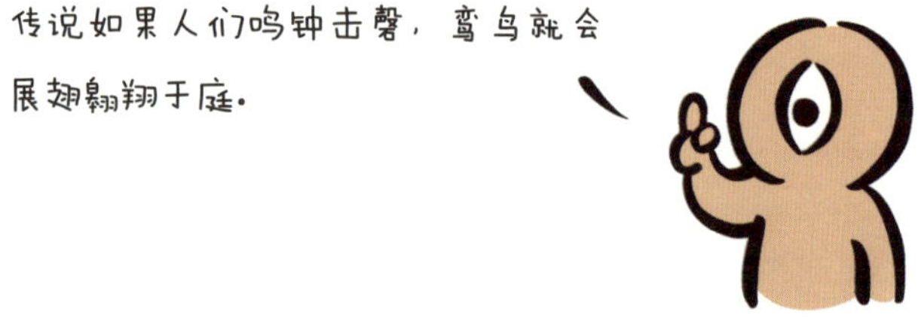

鸾鸟飞来

凫徯 fú xī

【鸟】
【鹿台山】

原文

有鸟焉，其状如雄鸡而人面，名曰凫徯，其鸣自叫也，见则有兵。——《山海经·西次二经》

凫徯外形像雄鸡，长着一张人脸，叫起来像在唤自己的名字。如果见到这种鸟，就预示着将会发生战乱。它属于一种不祥的鸟。有诗曰：“海内扬戈兵，凫徯下鹿台。”

凫徯

传说

崇祯九年（1636）夏天发生了严重的旱灾，庄稼颗粒无收，粮食每石涨到了八九两银子。七月之后，郴江一带出现了凫徯。当地村民不认识，觉得稀奇，就询问了一位名叫杨文盛的秀才。秀才说："这种鸟是凫徯啊！"村民好奇道："你怎么知道？"杨文盛告诉他们："《山海经》里说，鹿台山有一种鸟，人面鸡身，名字叫凫徯，它一出现就说明要发生战争了。"次年果然应验。

怪鸟凫徯

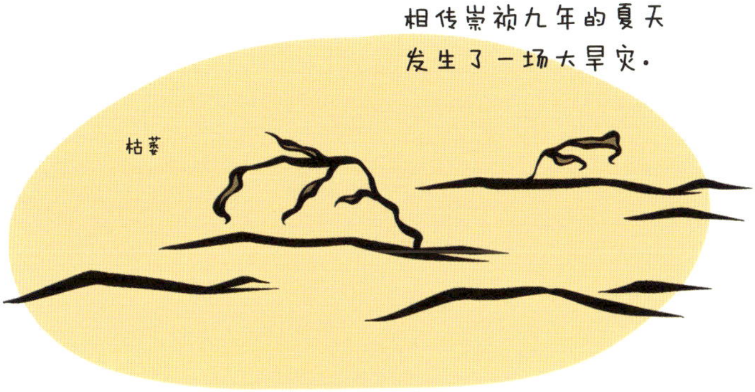
相传崇祯九年的夏天
发生了一场大旱灾。
枯萎

七月之后，
一种野生的怪鸟
突然出现了。
人们都不认识这种鸟，
于是去询问秀才杨文盛。

杨
这是凫徯，
《山海经》里说的。
伏羲？什么伏羲？
哦哦！
这样啊！

朱 zhū 厌 yàn

【兽】

【小次山】

原文

有兽焉，其状如猿，而白首赤足，名曰朱厌，见则大兵。

——《山海经·西次二经》

朱厌长得像猿猴，有白色的脑袋，红色的脚丫。

朱厌和凫徯一样是发生战乱的征兆，都是不怎么讨人喜欢的动物，不过也很可能是被战争吓出来的。

朱厌

大鹗
鵕鸟
钟山
嵠崖
文鳐鱼

峚山
瑾瑜
崇吾山
蛮蛮
举父

举 jǔ 父 fù

【兽】【崇吾山】

原文

有兽焉，其状如禺而文臂，豹虎而善投，名曰举父。

——《山海经·西次三经》

举父长得像猕猴，脸上多毛，身体黄黑色，胳膊上有和老虎一样的花纹。举父力气很大，擅于投掷，会冲人丢石头。

一说举父也叫“夸父”，但并不是逐日的那位；还有一说这种名叫举父的动物是夸父一族的后代。

举父

蛮 mán 蛮 mán

【鸟】【崇吾山】

原文

有鸟焉，其状如凫而一翼一目，相得乃飞，名曰蛮蛮，见则天下大水。——《山海经·西次三经》

蛮蛮长得像野鸭，却只有一只眼睛和一只翅膀，它必须和另一只蛮蛮组合在一起才能飞得起来。据说有蛮蛮出现，就预示着要发大水。

人们通常认为蛮蛮其实就是比翼鸟，颜色为青、赤两色，是吉祥和深情的象征，见到比翼鸟就会有好事发生，乘上它们飞翔则能活到一千岁。但这种蛮蛮是水灾的征兆。

蛮蛮

大 dà 鹗 è

【鸟】

【峚（yáo）崖】

原文

钦䲹化为大鹗，其状如鹏而黑文白首，赤喙而虎爪，其音如晨鹄，见则有大兵。

——《山海经·西次三经》

大鹗是钦䲹（pēi）死后化作的鸟，它长得像雕，脑袋是白色的，身上有黑色花纹，有着红色的鸟喙和老虎一样的爪子，叫声像天鹅。据说，它一出现就预示着将有兵燹之灾。

大鹗

鵕鸟 jùn niǎo

【鸟】【峄崖】

原文

鼓亦化为鵕鸟，其状如鸱，赤足而直喙，黄文而白首，其音如鹄，见即其邑大旱。

——《山海经·西次三经》

鵕鸟是钟山神之子鼓死后所化作的鸟，长得像雕，有着红色的脚爪，尖直的鸟喙，脑袋是白色的，身上有黄色的花纹。它的叫声也像天鹅，据说它的出现预示着将出现大旱灾。

传说

钟山神烛阴之子名字叫鼓，有着人面龙身的外表。鼓与另一位人面兽身的神——钦鴀，在昆仑之阳一起合谋杀死了葆江。这位葆江也叫祖江，是看守不死仙药之神。他死之后惊动了钟山神，烛阴一气之下将这两位凶手怒杀于钟山东面的嵱崖之上。这两位神死后阴魂不散，于是钦鴀化作了大鹗，鼓化作了鵕鸟。

这两位化作的鸟虽然种类不同，
但却都有着和天鹅一样的叫声。

鵕鸟和大鹗

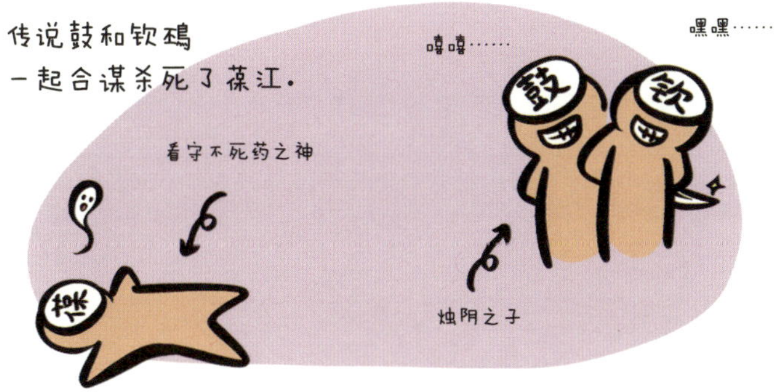
传说鼓和钦䲹
一起合谋杀死了葆江。
嘻嘻……
嘿嘿……
鼓
钦
看守不死药之神
葆
烛阴之子

爸爸再爱我一次……
我再也不敢了……
鼓
钦
怒!!!
烛阴得知后非常生气，
一怒之下将二人一起杀掉了。

最后钦䲹化作了大鹗，
而鼓化作了鵕鸟，
据说它们出现的地方都会有灾祸发生。

文鳐鱼 wén yáo yú

【鱼】
【泰器山·观水】

原文

是多文鳐鱼，状如鲤鱼，鱼身而鸟翼，苍文而白首赤喙，常行西海，游于东海，以夜飞。其音如鸾鸡，其味酸甘，食之已狂，见则天下大穰（ráng）。

——《山海经·西次三经》

文鳐鱼长得像鲤鱼，有白色的头，红色的嘴，苍色花纹。它还有一对鸟的翅膀，会在夜空中飞翔，常在东海和西海间游来游去。文鳐鱼的叫声像鸾鸟的铃音一般。一旦有文鳐鱼出现，天下就会大丰收。

这种鱼的味道酸酸甜甜很好吃，据说吃它的肉可以治疗癫狂。

文鳐鱼

传说

歙（shè）州赤岭下有一条大河，曾经有人在河中修建捕鱼的鱼梁，鱼游不过去，半夜便从鱼梁上飞了过去。于是，那个人又在鱼梁上张开一张大鱼网捕捉，然而有的鱼又飞过了这张网，而另外一些鱼并没有飞过去。飞不过去的鱼随即变成了石头，后来每逢下雨那些石头就会变成红色，所以称之为“赤岭”，“浮梁县”也因此而得名。据说，这个故事中石化的鱼便是文鳐鱼。

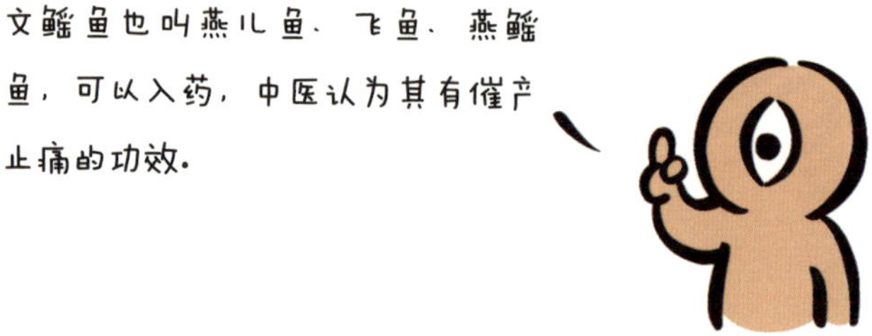

赤岭的传说

传说赤岭下有一条大河，
有人在这里张网捕鱼。

有的鱼飞了过去，
但也有的鱼飞不过去。

于是飞不过去的那些鱼就变成了石头，
一下雨这些石头就变成了红色，
于是这里得名“赤岭”。

钦 qīn 原 yuán

【鸟】【昆仑丘】

原文

有鸟焉，其状如蠭（fēng），大如鸳鸯，名曰钦原，蠚*（hē）鸟兽则死，蠚木则枯。

——《山海经·西次三经》

钦原长得像胡蜂，却跟鸳鸯差不多大。如果鸟兽被它蜇到就会立刻毙命，如果花花草草被蜇到就会枯萎，堪称活的生化武器。

*注：蠚，指虫类咬刺。

钦原

鲳鱼 huá yú

【鱼】
【乐游山·桃水】
【子桐山·子桐水】

原文

又西三百七十里，曰乐游之山。桃水出焉，西流注于稷泽，是多白玉。其中多鲳鱼，其状如蛇而四足，是食鱼。

——《山海经·西次三经》

又东南二百里，曰子桐之山。子桐之水出焉，而西流注于余如之泽。其中多鲳鱼，其状如鱼而鸟翼，出入有光，其音如鸳鸯，见则天下大旱。

——《山海经·东次四经》

鲳鱼形状像条蛇，它的肚子是红色的，有四只脚，前脚像人手，后脚像龟爪。鲳鱼以鱼为食。

在《东山经》中也有一种鲳鱼，是一种会发光的鱼。它的外形像鱼，但有鸟的翅膀，声音和鸳鸯的很像，每次出现都会有大旱灾。

鲳鱼

狡 jiǎo

【兽】【玉山】

原文

有兽焉，其状如犬而豹文，其角如牛，其名曰狡，其音如吠犬，见则其国大穰。

——《山海经·西次三经》

狡是一种走兽，长得像狗，身体呈黑色，有豹纹一样的斑纹。它的头上生着一对牛角，大耳如羊，叫声如犬吠。据说，只要有狡出现，这个国家就会五谷丰登。

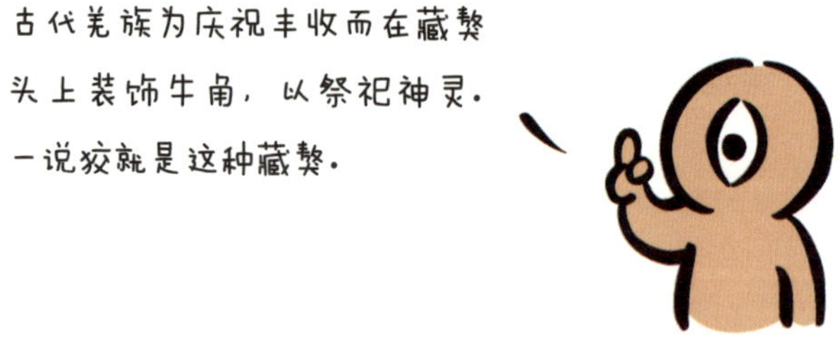

狡

胜 xìng 遇 yù

【鸟】
【玉山】

原文

有鸟焉，其状如翟而赤，名曰胜遇，是食鱼，其音如录，见则其国大水。——《山海经·西次三经》

胜遇长得像长尾野鸡，有红色的羽毛，喜欢吃鱼，叫声好似鹿鸣。据说如果胜遇出现了，就预示着会发生水灾。也有可能是水患之时鱼会变多，引来胜遇大快朵颐。

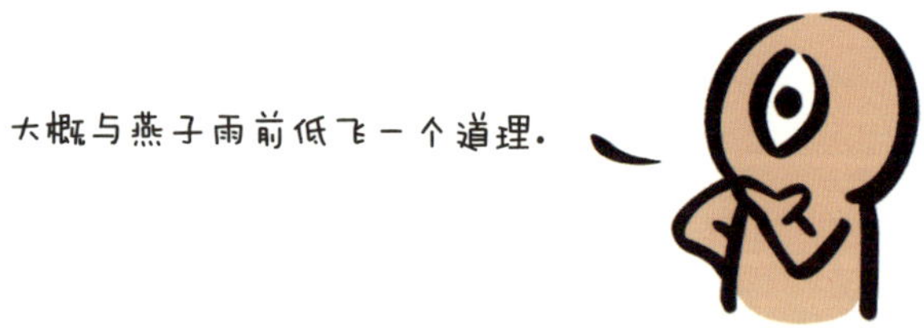

胜遇

狰[*] jìng

【兽】
【章莪山】

原文

有兽焉，其状如赤豹，五尾一角，其音如击石，其名如狰。——《山海经·西次三经》

狰长得像豹子，浑身赤红色，头上生独角，身后有五根长尾巴。它的声音就像敲击石头的声音，所以叫“狰”。

* 注：一音 zhēng。

狰

毕方 bì fāng

【鸟】
【章莪山】
【青水西】

原文

有鸟焉，其状如鹤，一足，赤文青质而白喙，名曰毕方，其鸣自叫也，见则其邑有讹火。

——《山海经·西次三经》

毕方鸟在其东，青水西，其为鸟，人面、一脚。一曰在二八神东。

——《山海经·海外南经》

毕方长相与仙鹤很接近，据说是树木的精灵，不食五谷。它的鸟喙是白色的，身披青色的羽毛，有红色花纹，只有一只脚爪，也是红色的。毕方叫起来就像在唤自己的名字。只要有毕方出现的地方就会出现奇怪的火焰，它是火灾的征兆。

一说毕方鸟有人面，是火之精灵；一说见到毕方鸟就会变得长寿，这个说法与毕方长相似鹤有关；一说毕方为黄帝驾象车上泰山，聚天下鬼神时的随车神鸟。

毕方

传说

汉武帝时，外国使臣曾进献一种只有一只脚的鹤，大家都觉得很稀奇，但不知道它叫什么。这时东方朔上奏汉武帝说：“这是《山海经》中所记录的毕方鸟。”汉武帝随后差人查验，果真如此。

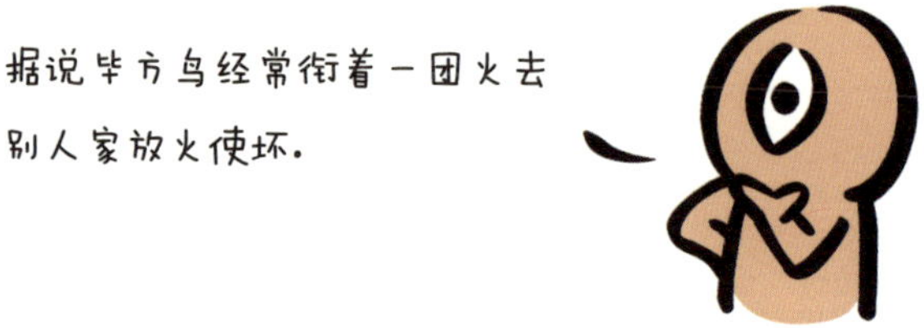

毕方兆火

天 tiān
狗 gǒu

【兽】
【阴山】

原文

有兽焉，其状如狸而白首，名曰天狗，其音如榴榴*，可以御凶。——《山海经·西次三经》

天狗长得像小猫，体型不大，能吃蛇。它的脑袋是白色的，会发出“喵喵喵”的声音。据说，它可以抵御野兽的侵袭，是一种可以辟邪御凶的奇兽。不管是二郎神的宠物，还是日本的长鼻子妖怪，都与这种天狗没有太大关系。

* 注：或作“猫猫”。

天狗

传说

关中有一个地方，周平王在位时那里曾有白鹿出现，因此得名白鹿原。白鹿原中有一个狗枷堡，秦襄公时，有一只天狗降临到这里，但凡有乱贼出现，这只天狗就会大声狂吠，保护这个地方，于是全堡一直安然无恙。

多种多样的天狗

三 sān 青 qīng 鸟 niǎo

【鸟】
【三危山】
【昆仑虚北】
【东北海外】
【沃野】

原文

又西二百二十里曰三危之山。三青鸟居之。

——《山海经·西次三经》

西王母梯几而戴胜杖。其南有三青鸟，为西王母取食。在昆仑虚北。——《山海经·海内北经》

东北海外，又有三青马、三骓、甘华，爰有遗玉、三青鸟、三骓、视肉、甘华、甘柤。

——《山海经·大荒东经》

有三青鸟，赤首黑目，一名曰大鵹（lí），一名少鵹，一名曰青鸟。——《山海经·大荒西经》

三青鸟即三只青鸟，一只叫大鵹，一只叫少鵹，一只叫青鸟。它们长着红色的脑袋和黑色的眼睛。传说它们是为西王母取食的神鸟，也是西王母的使者，每当西王母驾临之前，三青鸟都会提前报信。

三青鸟

傲 ào
㹏 yē

【兽】
【三危山】

原文

其上有兽焉，其状如牛，白身四角，其毫如披蓑，其名曰傲㹏，是食人。 ——《山海经·西次三经》

傲㹏，也作“獓狠”。它长得像牛，头上长着四只角。它身上有白色的皮毛，毛很长，乍一看就像是披着一身蓑衣。这种兽会吃人。

徼徊

鸱 chī

【鸟】
【三危山】

原文

有鸟焉，一首而三身，其状如鸈（luò），其名曰鸱。

——《山海经·西次三经》

鸱长得像雕，有一个脑袋、三个身子。据说这种鸟不喝井水、泉水，只有在下雨天时，雨水沾湿了羽毛，这才有水喝。

鸱

传说

鹊生了三个孩子，其中一个是鸱。唐肃宗时，张皇后专权，经常将混有鸱鸟脑的酒献给肃宗喝，据说这种酒可以令人久醉而健忘。

鸱

传说鸱是一种长有
三个身体的鸟。
大家快来看，
我们发现了一只鸱。
它只有一个脑袋，
一对翅膀和三个身体。

不过也很有
可能是看错了……
呀！不好意思！
认错鸟了！

帝 dì 江 jiāng

【神】【天山】

原文

有神焉，其状如黄囊，赤如丹火，六足四翼，浑敦无面目，是识歌舞，实惟帝江也。

——《山海经·西次三经》

帝江就是浑敦（同“浑沌”，今作“混沌”），长得像个皮口袋，身上赤红如火，有六条腿，四只翅膀。它没有脸，也没有五官，却能听曲赏舞，还是歌舞之神。

一说帝鸿氏有一位不才之子，天下的百姓称他为浑敦；一说帝江是天神帝俊的儿子。

帝江

传说

南海的帝王叫作倏，北海的帝王叫作忽，中央的帝王叫浑沌。话说这倏和忽两人时不时就跑到浑沌那里去玩，浑沌也待他们很好。倏和忽很是感动，为了报答浑沌，这两个人就商量起来：“每个人都有七窍（两眼、两耳、两鼻孔和口），可以用来看景、吃饭、听小曲儿。可浑沌一窍也没有，实在可惜。不如我们帮他凿七个窍出来吧！”于是二人雷厉风行地带着工具去给浑沌开窍了。他们一天凿一窍，一连凿了七天终于凿成了。但此时被开了七窍的浑沌，终因七窍流血而亡，彻底不用看景、吃饭、听小曲儿了。

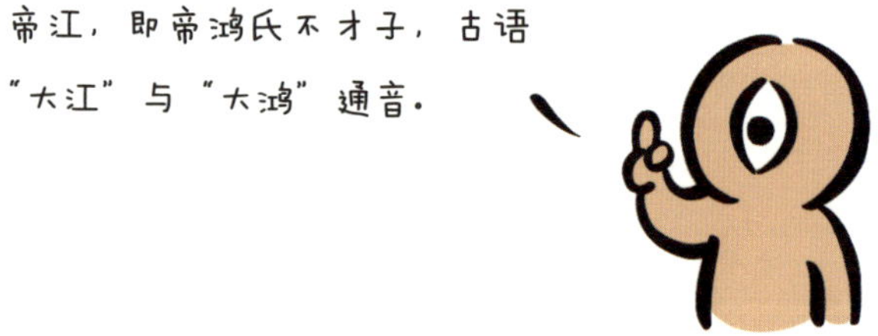

帝江不开窍

倏、忽和帝江是三个好朋友，
平时经常在一起玩乐。

帝江没有眼、耳、口、鼻，
而热心的倏和忽很想让他
也能看景、吃饭、听小曲儿。

于是两人合谋决定
帮帝江凿出七窍。

最终帝江
七窍流血而亡。

讙 huān

【兽】
【翼望山】

原文

有兽焉，其状如狸，一目而三尾，名曰讙，其音如夺百声，是可以御凶，服之已瘅（dàn）。

——《山海经·西次三经》

讙长得像猫，有一只眼睛，三条尾巴，它可以模仿其他动物的叫声，堪称异兽中的外语科代表。讙还能够抵御凶邪，据说吃了它的肉就能治好黄疸。

讙

鵸 qí 鵌 yú

【鸟】【翼望山】【带山】

原文

有鸟焉，其状如乌，三首六尾而善笑，名曰鵸鵌，服之使人不厌，又可以御凶。——《山海经·西次三经》

有鸟焉，其状如乌，五采而赤文，名曰鵸鵌，是自为牝牡，食之不疽。——《山海经·北次一经》

鵸鵌长得像乌鸦，但有三个脑袋、六条尾巴，没事总是笑嘻嘻的。据说，吃了它的肉可以辟邪，睡觉都更香了，而且还不会做噩梦。

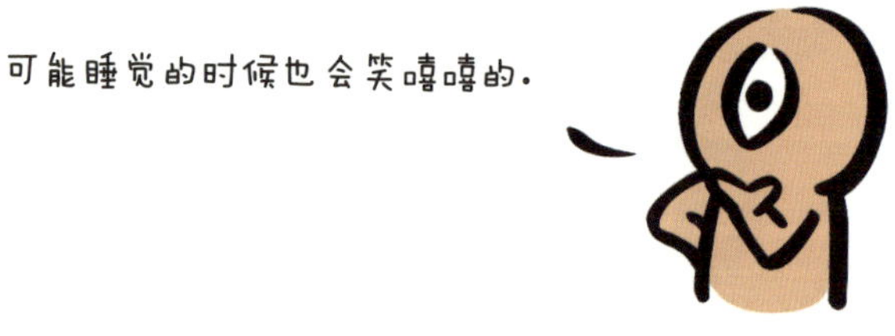

鵸鵌

当 dāng
扈 hù

【鸟】
【上申山】

原文

其鸟多当扈，其状如雉，以其髯飞，食之不眴（xuàn）目。——《山海经·西次四经》

一种长得像鸡的怪鸟，常常扬起下巴，依靠脖子底下的须子来飞。据说吃了它的肉就可以不眨眼。虽然不知道不眨眼有什么好处，也许在“看谁先眨眼”的游戏中能取得很好的成绩。

当扈

神 shén 魑 chì

【兽】
【刚山】

原文

是多神魑，其状人面兽身，一足一手，其音如钦（yín）。

——《山海经·西次四经》

山中的一种精怪，长着人脸、兽身。它只有一只胳膊、一条腿，发出的叫声像是在呻吟或打哈欠。据说，这种怪兽居住的地方不会下雨，下雨的话再去别的地方住就好了。

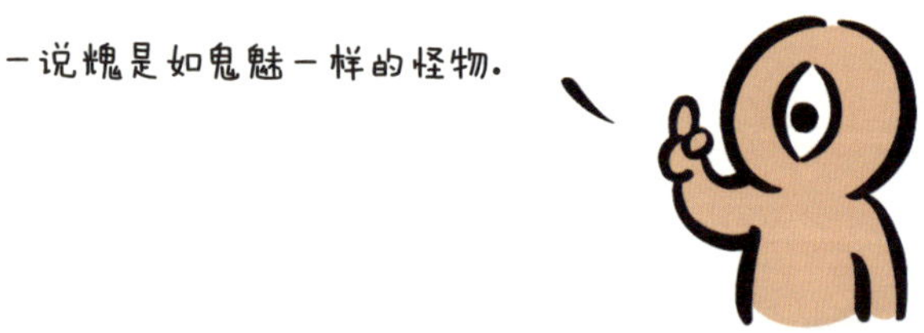

神魄

冉 rǎn 遗 yí 鱼 yú

【鱼】
【英鞮山·涴水】

原文

是多冉遗之鱼，鱼身蛇首六足，其目如马耳，食之使人不眯，可以御凶。——《山海经·西次四经》

冉遗鱼有着鱼的身子、蛇的脑袋，还长着六只脚。它眼睛的形状像马耳朵，据说吃了它的肉不但可以不做噩梦，还能辟邪。

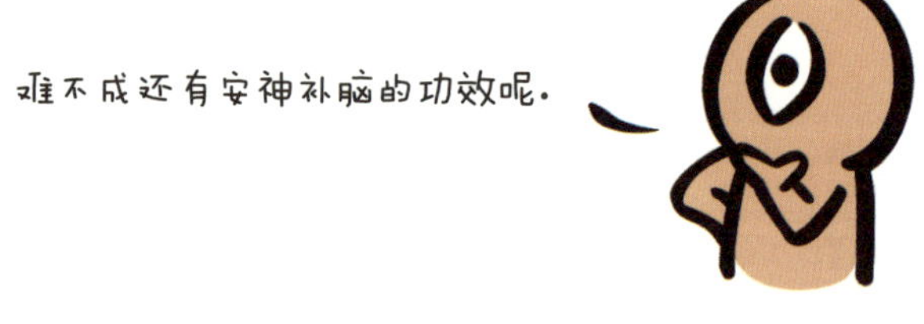

冉遗鱼

駮 bó

【兽】

【中曲山】

【北海内】

原文

有兽焉，其状如马而白身黑尾，一角，虎牙爪，音如鼓音，其名曰駮，是食虎豹，可以御兵。

——《山海经·西次四经》

有兽焉，其名曰駮，状如白马，锯牙，食虎豹。

——《山海经·海外北经》

駮长得像马，身子是白色的，尾巴是黑色的。它的头上有一只冲天独角。这种马也叫“兹白”。

它的爪子和牙齿像老虎，身形威猛，能吃虎和豹，叫声如擂鼓一般。据说，这种野兽可以抵御兵祸，是上阵杀敌的不二之选，是一种吉兽。

駮

传说

齐桓公有一次骑马出游，在路上遇到一只老虎。齐桓公本想绕路，却见那老虎望着他，缓缓伏在地上。齐桓公觉得稀奇，回宫后他问管仲："我今天骑马出行，遇到一只老虎，它看到了我却吓得不敢动，这是为什么啊？"管仲说："我想您一定是骑着駮马迎着太阳奔跑吧？"桓公点头："对啊。"管仲一副不出所料的样子："这种马是能吃虎和豹的奇兽，所以老虎才害怕啊。"齐桓公大悟。

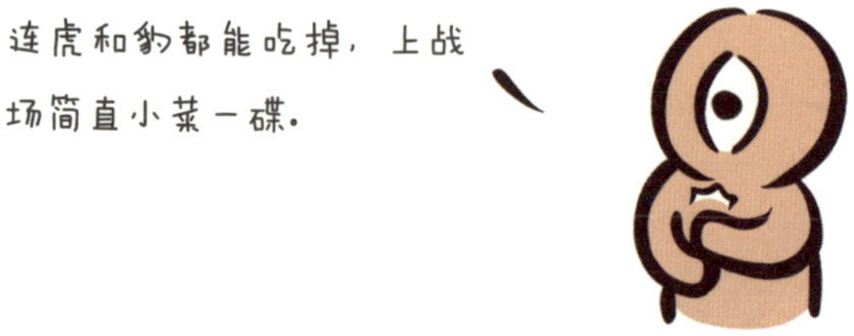

齐桓公和駮

啦啦啦……
今天天气好晴朗！
一日，
齐桓公骑马出游。
妈呀！
嗷呜！
途中忽然遇见一只猛虎。
乖巧
可爱
挠头
齐桓公本想绕路，
这时猛虎却乖顺地趴下了。
因为您骑的是駮马啊！
原来如此！
回宫一问管仲才知，
猛虎是被自己的坐骑震慑住了。

穷奇 qióng qí

【兽】
【邽山】

原文

其上有兽焉，其状如牛，猬毛，名曰穷奇，音如獆（háo）狗，是食人。——《山海经·西次四经》

穷奇是上古四大凶兽之一，一说它长得像牛，浑身有刺猬一样的毛，声音像狗。还有一种说法是它像长着翅膀的老虎，一副“如虎添翼”的样子。

穷奇能听懂人的言语，能吃人，而且是“从头开始”吃。如果遇到有人打架，它会吃掉正直的一方；如果见到忠信之人，它会吃掉他的鼻子；如果看到大奸大恶之人，它则会杀掉野兽，送给恶人以资鼓励。由此可知，它是一种惩善扬恶的凶兽。

据说，穷奇是少昊的儿子，此人不才，天下人便称其为四凶兽之一。一说穷奇是大傩十二神兽中的逐疫天神，也叫“神狗”。

穷奇

蠃鱼 luó yú

【鱼】
【邽山·濛水】

原文

蠃鱼，鱼身而鸟翼，音如鸳鸯，见则其邑大水。

——《山海经·西次四经》

蠃鱼长着鱼的身体，鸟的翅膀，身形跟飞鱼差不多，叫声像鸳鸯。据说这种鱼一出现就会发生洪灾。

它虽然和文鳐鱼一样也会飞，但在寓意上却差了那么点意思。

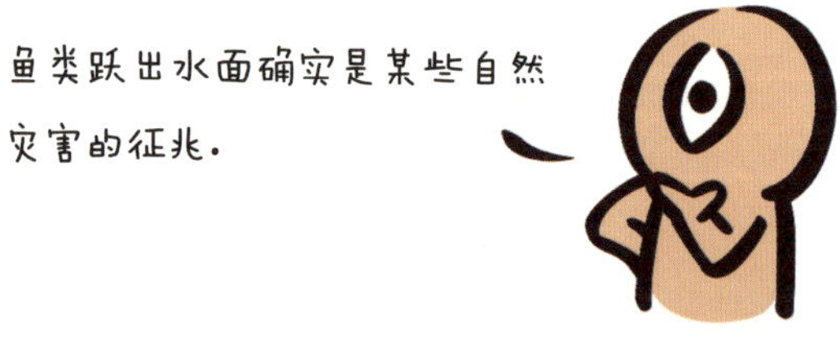

鳙鱼

絮魮鱼

rú pín yú

【鱼】

【鸟鼠同穴山·滥水】

原文

滥水出于其西，西流注于汉水，多之絮魮之鱼，其状如覆铫，鸟首而鱼翼鱼尾，音如磬石之声，是生珠玉。

——《山海经·西次四经》

一种长着鸟头的奇鱼，它长得像一个倒扣的小锅，有鱼鳍，叫声像敲击磬石。

它身体里能产出珍珠，从尾部排泄出来，这种珍珠可能就是它的卵。

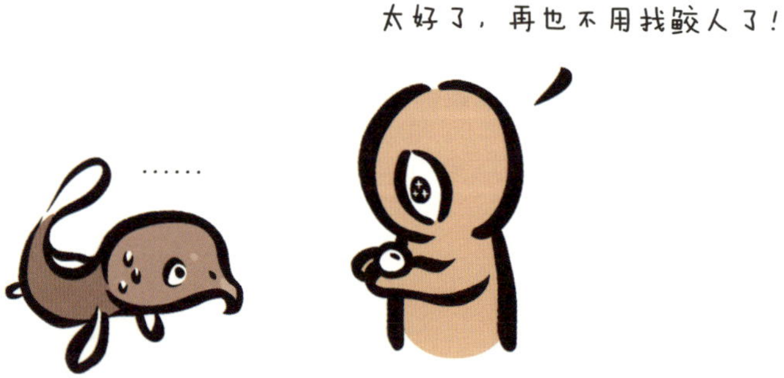

䰰魮鱼

孰湖 shú hú

【兽】【崦嵫山】

原文

有兽焉，其状马身而鸟翼，人面蛇尾，是好举人，名曰孰湖。——《山海经·西次四经》

孰湖是山中的一种野兽，长着马的身体、鸟的翅膀、人的脸以及蛇的尾巴。它一见人就抱，而且往往莫名其妙地把人给举起来，但不会伤害到人。因为抱得人很舒服，所以叫它孰湖（谐音舒服）。

孰湖

人 rén 面 miàn 鸮 xiāo

【鸟】
【崦嵫山】

原文

有鸟焉，其状如鸮而人面，蜼（yí）身犬尾，其名自号也，见则其邑大旱。——《山海经·西次四经》

人面鸮长得像猫头鹰，有一张人脸，身体像猕猴，还长着一条狗尾巴。它的叫声像在唤自己的名字。据说，见到这种鸟就预示着这个地方将出现严重的旱灾。

人面鸮

山海经里的大怪兽 2

千两／著绘

海南出版社
·海口·

图书在版编目 (CIP) 数据

山海经里的大怪兽：全三册 / 千两著绘. -- 海口：海南出版社，2023.6

ISBN 978-7-5730-1121-3

Ⅰ. ①山… Ⅱ. ①千… Ⅲ. ①《山海经》-通俗读物
Ⅳ. ① K928.626-49

中国版本图书馆 CIP 数据核字 (2023) 第 063913 号

山海经里的大怪兽 2

SHANHAIJING LI DE DA GUAISHOU 2

作　　者：千　两
责任编辑：刘长娥
策划编辑：刘长娥　崔子荃
封面设计：任　佳
责任印制：杨　程
印刷装订：北京雅图新世纪印刷科技有限公司
读者服务：唐雪飞
出版发行：海南出版社
总社地址：海口市金盘开发区建设三横路 2 号
邮　　编：570216
北京地址：北京市朝阳区黄厂路 3 号院 7 号楼 101 室
电　　话：0898-66812392 010-87336670
电子邮箱：hnbook@263.net
经　　销：全国新华书店
版　　次：2023 年 6 月第 1 版
印　　次：2023 年 6 月第 1 次印刷
开　　本：880 mm × 1230 mm　1/32
印　　张：18
字　　数：194 千
书　　号：ISBN 978-7-5730-1121-3
定　　价：158.00 元（全三册）

目录

北山经

东山经

中山经

鶌鶋
嚻
马成山
梁渠山
居暨
天马
文石
玉
脩水
玉
金
碧

北山经

滑 huá 鱼 yú

【鱼】
【求如山·滑水】

原文

其中多滑鱼，其状如鳝鱼，赤背，其音如梧，食之已疣。

——《山海经·北次一经》

因为是滑水中的鱼，所以叫滑鱼。它长得像鳝鱼，背部是红色的，能够发出琴瑟合奏一般动听的声音。据说吃了它的肉就可以治好疣子。

滑鱼

水 shuǐ
马 mǎ

【兽】

【求如山·滑水】

原文

其中多水马，其状如马，文臂牛尾，其音如呼。

——《山海经·北次一经》

水马和滑鱼同样生活在滑水中，但并不叫滑马。它长得像马，黑色背脊，前肢有花纹，长着一根牛尾巴。它的叫声就像人在呼喊，不是很动听。水马虽然没有什么特殊技能，但它是一种灵兽，被称为“龙精”。

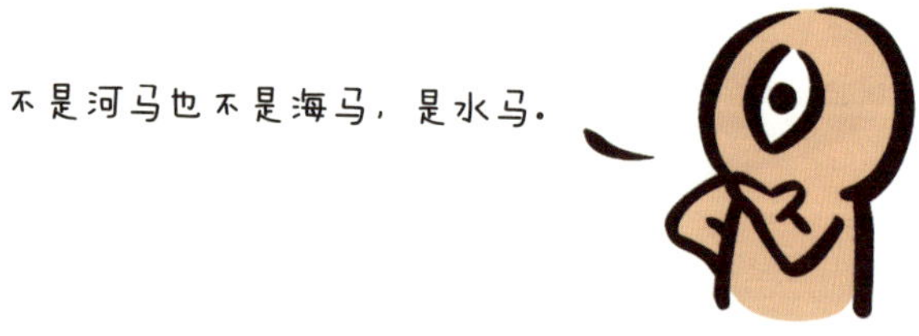

水马

朧疏 huān shū

【兽】【带山】

原文

有兽焉，其状如马，一角有错，其名曰朧疏，可以辟火。

——《山海经·北次一经》

一只头顶长独角的马，角上有棱纹，可以用来当锉刀打磨玉石。朧疏俗称独角兽，样子与西方独角兽很接近，但古文没说它的血是银色的。据说这种动物可以防火。

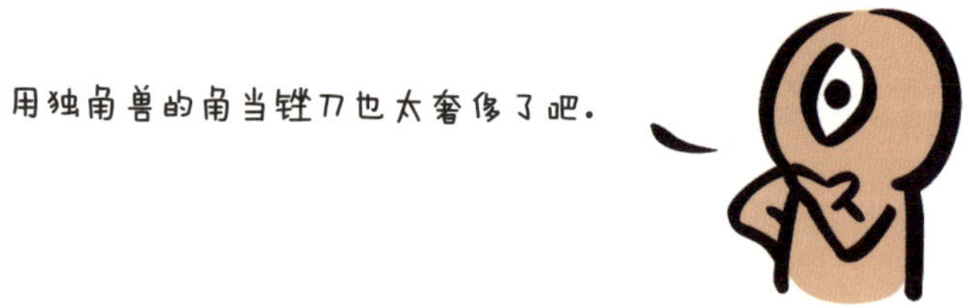

臛疏

儵 yóu 鱼 yú

【鱼】

【带山·彭水】

原文

彭水出焉，而西流注于芘（pí）湖之水，其中多儵鱼，其状如鸡而赤毛，三尾、六足、四首，其音如鹊，食之可以已忧。

——《山海经·北次一经》

一种长得像鸡的怪鱼，浑身赤红，拥有三条尾巴、六条腿和四个脑袋，叫声像喜鹊。这种鱼可以烤来吃，味道甚美，是谓“铁板儵鱼”。据说，吃了它的肉可以快快乐乐，忘掉烦恼，可以治抑郁。

儵鱼

何罗鱼 hé luó yú

【鱼】

【谯明山·谯水】

原文

谯水出焉，西流注于河。其中多何罗之鱼，一首而十身，其音如吠犬，食之已痈。

——《山海经·北次一经》

何罗鱼只有一个脑袋，却有十个身体。它的声音像狗叫，不过应该不咬人。据说，吃了这种鱼的肉可以治好痈疽。

一说这种鱼变成鸟，名字叫“休旧”（即鸺鹠。旧，音liú）。另外，据说十个脑袋一个身体的姑获鸟（也叫“鬼车”）也许也是何罗鱼变的。

何罗鱼

孟 mèng 槐 huái

【兽】【谯明山】

原文

有兽焉，其状如貆（huán）而赤豪，其音如榴榴，名曰孟槐，可以御凶。——《山海经·北次一经》

山中一种野兽，长得像豪猪，身上有红色的毛，声音像猫叫。据说，它可以威慑其他野兽。喵喵叫的孟槐真是凶猛。据说将孟槐的画像挂在家中就可以抵御凶邪，因为其他野兽看到这幅画就会被吓跑，据此判断，孟槐长得可能比较凶恶。

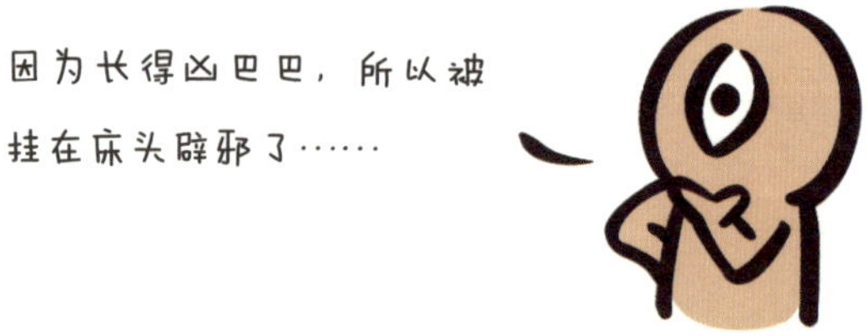

孟槐

鳛鳛鱼 zhě zhě yú

【鱼】【涿光山·嚣水】

原文

其中多鳛鳛之鱼，其状如鹊而十翼，鳞皆在羽端，其音如鹊，可以御火，食之不瘅。

——《山海经·北次一经》

明明是条鱼，长相和声音却都像喜鹊。它有十只翅膀，翅尖有鱼鳞。据说，这种鱼可以防火，吃了它的肉就不会得黄疸。

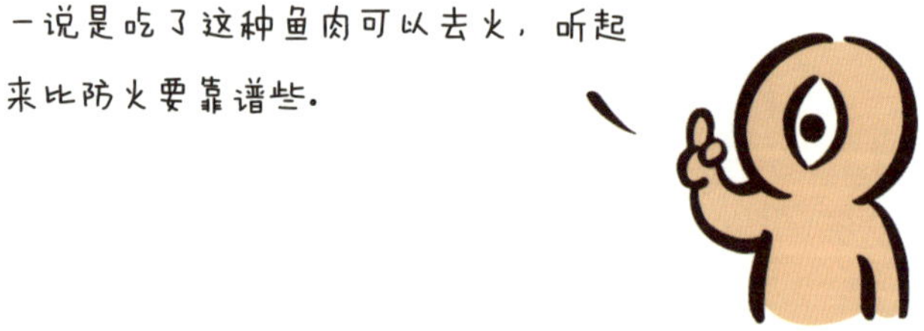

鳛鳛鱼

寓 yù

【鸟】
【虢山】

原文

其鸟多寓，状如鼠而鸟翼，其音如羊，可以御兵。

——《山海经·北次一经》

寓是一种怪鸟，长得像老鼠但有一双翅膀，叫声像羊，怎么看都像蝙蝠。

据说这种鸟可以抵御兵戈，可能是因为成群的蝙蝠突然出现会吓人一跳，所以能产生震慑之力吧！

寓

耳 ěr 鼠 shǔ

【兽】
【丹熏山】

原文

有兽焉，其状如鼠而菟（tú）首麋身，其音如獋犬，以其尾飞，名曰耳鼠，食之不睬（cǎi），又可以御百毒。

——《山海经·北次一经》

山中一种小兽，亦兽亦鸟，长得像老鼠，脑袋像兔子，身体像麋鹿。它的声音像狗叫，会爬树，还可以利用尾巴来飞翔。据说吃了它的肉还不会变成大肚子，能百毒不侵。

耳鼠

孟极 mèng jí

【兽】【石者山】

原文

有兽焉，其状如豹，而文题白身，名曰孟极，是善伏，其鸣自呼。——《山海经·北次一经》

孟极是一种长得像豹子一样的野兽，它额头上有花纹，身体是白色的。孟极擅长隐匿躲藏，叫声如“孟极、孟极”，真是凶猛极了。

孟极

幽鴳 yōu è

【兽】
【边春山】

原文

有兽焉，其状如禺而文身，善笑，见人则卧，名曰幽鴳，其鸣自呼。——《山海经·北次一经》

幽鴳长得像猴子，身上有花纹，也作“幽頞”。它的叫声就像在叫自己的名字——“幽鴳，幽鴳”，很容易让人下意识地模仿起来。幽鴳看起来傻乎乎的，其实很聪明，还很爱笑，看到什么都能笑起来，但一见到人它就立马躺倒装睡，也可能是在装死。

虽然它喜欢耍小聪明，不过最后都会被人类捉住，大概爱笑的猴子运气都不会太好。

幽鴳

足訾 zú zǐ

【兽】
【蔓联山】

原文

有兽焉，其状如禺而有鬣，牛尾、文臂、马蹄，见人则呼，名曰足訾，其鸣自呼。

——《山海经·北次一经》

足訾样子像猿猴，身上有鬃毛，前臂上有纹路，长着牛尾巴和马蹄子。它的叫声就像在叫自己的名字，它一见到人就大喊大叫，很难让人记不住它的名字。

足訾

䴔 jiāo

【鸟】
【蔓联山】

原文

有鸟焉，群居而朋飞，其毛如雌雉，名曰䴔，其鸣自呼，食之已风。——《山海经·北次一经》

䴔是一种喜欢群居的鸟，或作“白䴔”，它的羽毛像母鸡的一样。它们经常一大片乌泱泱地遍布山野，成群结队地飞起来时能遮天蔽日。它的叫声就像在叫自己的名字。据说，吃了它的肉就可以治好风湿，不用医生开药方。

一说䴔是䴔鶄，头上有红冠，蓝绿羽毛，红嘴巴，长脚。养了这种鸟可以防火。

鸡

诸 zhū 犍 jiān

【兽】
【单张山】

原文

有兽焉，其状如豹而长尾，人首而牛耳，一目，名曰诸犍。善吒，行则衔其尾，居则蟠其尾。

——《山海经·北次一经》

诸犍外观像豹子，尾巴很长，长着人的脑袋和牛的耳朵，只有一只眼睛。平时它会将尾巴盘起来，走路时就把尾巴叼在嘴里，没事还喜欢大吼大叫。

走路别叫，尾巴会掉！

诸犍

白鵺

bái yè

【鸟】【单张山】

原文

有鸟焉，其状如雉而文首，白翼黄足，名曰白鵺，食之已嗌痛，可以已痸（chì）。

——《山海经·北次一经》

一种像野鸡的鸟，脑袋上有花纹，长着白色翅膀，黄色脚爪，一见到人就蹦蹦跳跳的。

据说，吃了它的肉就可以治疗咽喉肿痛，还能治痴呆。

白鷴

竦斯 sǒng sī

【鸟】

【灌题山】

原文

有鸟焉，其状如雌雉而人面，见人则跃，名曰竦斯，其鸣自呼也。——《山海经·北次一经》

竦斯长得像母鸡，有一张人脸。它和白鵺一样，一见到人就会蹦蹦跳跳的。它的叫声也像在喊自己的名字，大概就是“送死，送死”这样叫，让人听着总觉得不太吉利。

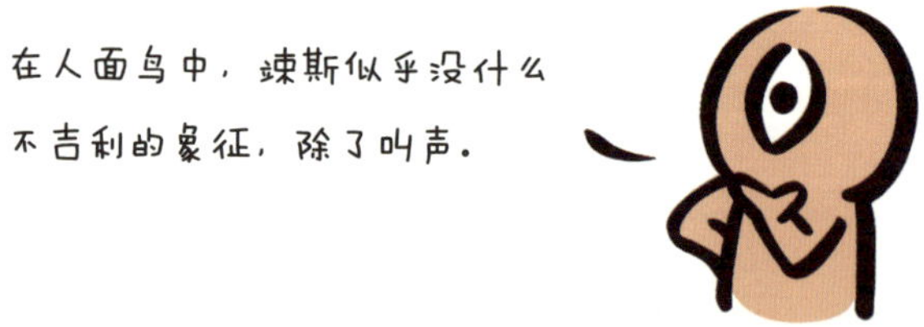

竦斯

长 cháng
蛇 shé

【蛇】
【大咸山】

原文

有蛇名曰长蛇，其毛如彘豪，其音如鼓柝（tuò）。

——《山海经·北次一经》

因为它很长，所以叫长蛇，据说能有几十丈那么长。它身上长着猪鬃一样的毛，可以吃掉其他的猛兽。长蛇会叫，叫声就像打更人敲木梆子的声音。它可能跟巴蛇是同一类，都是一种巨蛇。

长蛇

窫窳 yà yǔ

【兽】
【少咸山】
【弱水】
【九丘】

原文

有兽焉，其状如牛而赤身，人面马足，名曰窫窳，其音如婴儿，是食人。——《山海经·北次一经》

窫窳，龙首，居弱水中，在狌狌知人名之西。其状如龙首，食人。——《山海经·海内南经》

有窫窳，龙首，是食人。——《山海经·海内经》

窫窳也作“猰貐”，是一只带有悲剧色彩的可怜凶兽。它长得像牛，身体呈红色，长着人的脸，马的蹄子。它的叫声像婴儿的啼哭声，会吃人。

窫窳

传说

窫窳曾是一位蛇身人面的神，为人善良，老实巴交。但一位名为贰负的神就是看不惯他，与他素来不和。贰负神喜欢杀戮，与另一位关系不错的神——危，合谋将窫窳害死了。不久，天帝知晓此事，震怒，下令将这二神关在疏属山中，铸住了他们的右脚，并用头发将他们的手反绑起来，拴在树上。天帝不忍窫窳之死，命人将其送到昆仑山救活。谁知，窫窳复活之后竟然变成一头凶残暴戾的野兽。最后，这只危害百姓的凶兽被后羿用神箭射死了。

一说其名猰貐，龙头马尾，有老虎一样的爪子，身长百米，是最大的走兽（见《述异记》）。

窫窳的故事

传说贰负和危
合谋杀死了窫窳.
贰
危
帝
生气
我错了……
放了我吧！
危
天帝知道后非常愤怒，
把两人绑在了树上.
帝
天帝不忍
窫窳的死.
把它送到
昆仑山救活了.
窫窳复活后
竟变成了凶兽，
为害一方.

鱳鱼

zǎo yú

【鱼】

【狱法山·瀤（huái）泽水】

原文

瀤泽之水出焉，而东北流注于泰泽。其中多鱼，其状如鲤而鸡足，食之已疣。——《山海经·北次一经》

鱳鱼长得像鲤鱼，肚子下面有一对鸡爪。据说吃了它的肉可以治好小疣子。

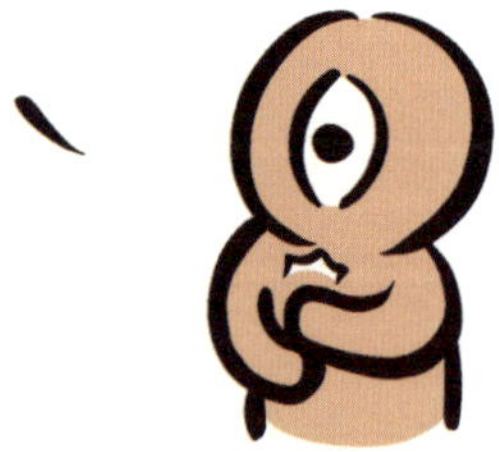

鱳鱼

山 shān
猈 huī

【兽】
【狱法山】

原文

有兽焉，其状如犬而人面，善投，见人则笑，其名山猈，其行如风，见则天下大风。

——《山海经·北次一经》

山猈外形像狗，有一张人脸，属于猿猴类，也叫“猈猈”。它善于投掷，一见人就哈哈笑，也不知道在笑什么。这种兽精力旺盛，走路带风，据说在它出现的地方会有疾风。

山猑

鮨 yì 鱼 yú

【鱼】【北岳山·诸怀水】

原文

诸怀之水出焉，而西流注于嚣水。其中多鮨鱼，鱼身而犬首，其音如婴儿，食之已狂。

——《山海经·北次一经》

鮨鱼有着鱼的身体，狗的脑袋。它的声音像婴儿一般，据说吃了它的肉可以治癫痫。

鮨鱼

肥遗 féi wèi

【蛇】
【浑夕山·嚣水】
【彭毗山·肥水】

原文

有蛇一首两身，名曰肥遗，见则其国大旱。

——《山海经·北次一经》

肥水出焉，而南流注于床水，其中多肥遗之蛇。

——《山海经·北次三经》

这里的肥遗是一种水蛇。它只有一个脑袋，却有两个身体，会游泳，会捕鱼，一会儿游成“人”字，一会儿游成“一”字。据说，如果见到这种蛇，说明天下将发生严重的旱灾。

商周青铜器上的一头两身蛇纹饰就被称为肥遗纹。

它跟《西山经》中的肥遗都是大旱之兆呢.

肥遗

駮马

bó mǎ

【兽】
【敦头山】

原文

其中多駮马，牛尾而白身，一角，其音如呼。

——《山海经·北次二经》

駮马是一种独角白马，与臛疏不同的是，駮马长了一根牛尾巴，它的角像鹿茸，发出的鸣叫像人在呼喊。

据说，元康八年（298）在九真郡（现越南中部）就有人曾猎得一只駮马。它属于一种极品坐骑。

𩣡马

狍 páo 鸮 xiāo

【兽】
【钩吾山】

原文

有兽焉，其状如羊身人面，其目在腋下，虎齿人爪，其音如婴儿，名曰狍鸮，是食人。

——《山海经·北次二经》

狍鸮就是饕餮，上古四大凶兽之一，是贪婪暴食的象征，贪财为饕，贪食为餮。它身子像羊，有着人一样的脸，虎一样的锯齿牙，脚爪像人手。它的眼睛长在胳肢窝下面，夏天的时候流汗多，可能会刺激眼睛。它的叫声像婴儿的啼哭声。

狍鸮吃人，据说就算吃不完也要把人给咬碎了。商周时期的青铜鼎上多有饕餮首的纹饰，以警示人们不要浪费，亦是权威和地位的象征。

狍鸮

传说

缙云氏有一不肖子，贪吃受贿，奢靡无度，还不知满足，喜欢聚敛财物和粮食，从不体恤穷困之民。于是，天下百姓将他与其他三种凶兽比肩，称他为饕餮。另外三位分别是：帝鸿氏不才子浑沌、少皞氏（少昊）不才子穷奇、颛顼氏不才子梼杌。他们加上缙云氏不才子饕餮，合称“四凶”。

传说中的四凶兽

缙云氏不才子——狍鸮（饕餮）

帝鸿氏不才子——浑沌

少皞氏不才子——穷奇

颛顼氏不才子——梼杌

独 dú 狳 gǔ

【兽】

【北嚣山】

原文

有兽焉，其状如虎而白身，犬首，马尾彘鬣，名曰独狳。

——《山海经·北次二经》

独狳长得像老虎，身体是白色的，身上的毛像猪鬃，有一个狗脑袋和一条马尾巴。独狳似乎没什么特别的，只是一只普通的野兽。

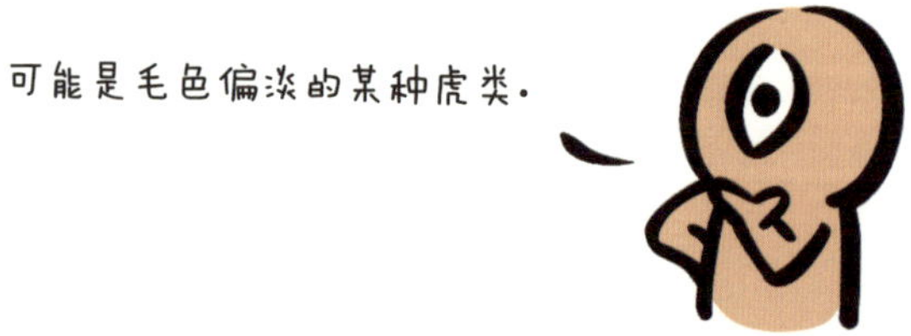

独狢

鵸鶻 bān mào

【鸟】

【北嚣山】

原文

有鸟焉，其状如乌，人面，名曰鵸鶻，宵飞而昼伏，食之已暍（yē）。——《山海经·北次二经》

鵸鶻也是一种人面鸟，长得像乌鸦，有着人一样的脸。它的夜视能力强，因此通常昼伏夜出，吃蚊虫。据说，吃了它的肉就可以治疗中暑，但在人容易中暑的白天，它们是不会出现的。

鵥

居 jū 暨 jì

【兽】【梁渠山】

原文

其兽多居暨，其状如彙（huì）而赤毛，其音如豚。

——《山海经·北次二经》

居暨聚集在梁渠山上，是一种可爱的鼠类小兽。它长得像刺猬，身上的毛呈红色，叫声像小猪。

居暨

嚻 áo

【鸟】

【梁渠山】

原文

有鸟焉，其状如夸父，四翼、一目、犬尾，名曰嚻，其音如鹊，食之已腹痛，可以止衕（dòng）。

——《山海经·北次二经》

嚻是一种怪鸟，外形像猴子，有四个翅膀，一只眼睛和一条狗尾巴。它的叫声像喜鹊。

据说，吃了嚻的肉可以治疗肚子疼，还能止泻，据此推测吃多了可能会便秘。

嚻

驒* hún

【兽】
【归山】

原文

有兽焉，其状如麢（líng）羊而四角，马尾而有距，其名曰驒，善还**，其鸣自訆（jiào）。

——《山海经·北次三经》

山中一种走兽，长着四只角，看起来像羚羊，有马一样的尾巴，鸡爪一样的蹄子。它在险峻的山岭上也能如履平地，还喜欢跳舞、转圈圈。它的叫声跟它的名字发音相同，类似“咴——”。

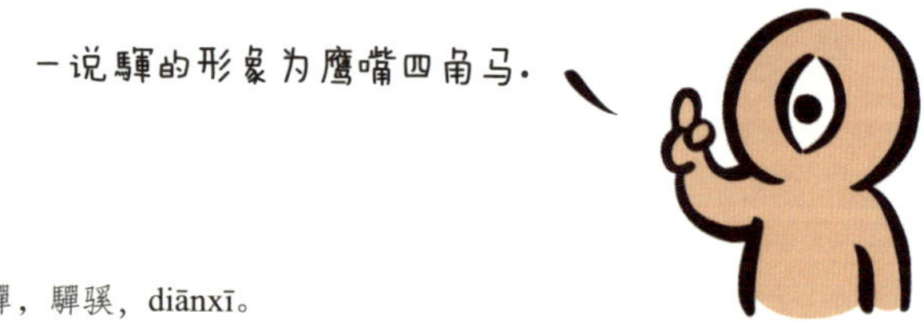

* 注：又作驒，驒骙，diānxī。
** 注：音 xuán，通旋，盘旋而舞。

䮝

鵸 bēn

【鸟】【归山】

原文

有鸟焉，其状如鹊，白身、赤尾、六足，其名曰鵸，是善惊，其鸣自詨。——《山海经·北次三经》

一种长得像喜鹊的怪鸟，也叫“鵸鵸”，它身体纯白，尾部为红色，有六只脚爪，三只眼睛，叫声就像在唤自己的名字。据说，这种鸟很容易受惊，不要随便吓唬它。

天 tiān
马 mǎ

【兽】
【马成山】

原文

有兽焉，其状如白犬而黑头，见人则飞，其名曰天马，其鸣自訆。——《山海经·北次三经》

虽然叫天马，长得却像条狗，身体是白色的，脑袋是黑色的，背上有一对翅膀，一见到人就会飞起来，感觉像是在炫耀的样子。它的叫声像在呼唤自己的名字，听上去有点奇怪。据说，如果见到这种奇兽，就预示会大丰收。

天马

鸜鹆 qū jū

【鸟】

【马成山】

原文

有鸟焉，其状如乌，首白而身青、足黄，是名曰鸜鹆，其鸣自詨，食之不饥，可以已寓。

——《山海经·北次三经》

一种长得像乌鸦的鸟，脑袋是白色的，身上有青色的羽毛，脚爪是黄色的。它的叫声也像在叫自己的名字。据说，人吃了它的肉就不会感到饥饿，还能治好健忘症。

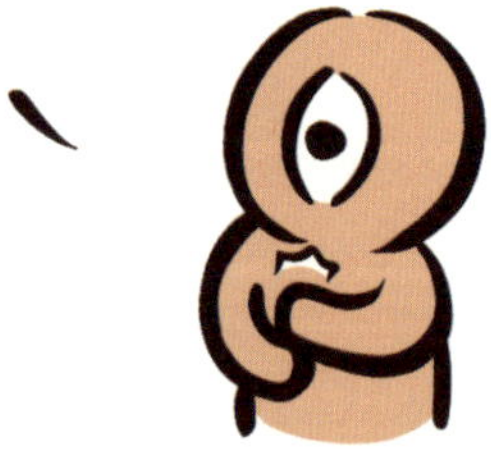

鶌鶋

象蛇 xiàng shé

【鸟】

【阳山】

原文

有鸟焉，其状如雌雉而五采以文，是自为牝牡，名曰象蛇，其鸣自詨。——《山海经·北次三经》

象蛇既不像象也不像蛇，光看名字很难猜出它是一种鸟。这种鸟长得像鸡，但叫“象鸡”又觉得哪里怪怪的。它身上有五彩的花纹，叫声像在叫自己的名字。据说，象蛇是一体兼具雌雄两性的生物，可以自己跟自己生孩子。

象蛇

鮨 xiàn 父 fù 鱼 yú

【鱼】

【阳山·留水】

原文

其中有鮨父之鱼，其状如鲋鱼，鱼首而彘身，食之已呕。

——《山海经·北次三经》

似鱼非鱼，似猪非猪，也作“鮨鱼”。它长得像鲫鱼，却有着鱼的脑袋、猪的身体。据说，吃了它的肉就可以治呕吐，尽管它的样貌令人不适。

鮥父鱼

酸 suān 与 yú

【鸟】【景山】

原文

有鸟焉，其状如蛇而四翼，六目、三足，名曰酸与，其鸣自詨，见则其邑有恐。

——《山海经·北次三经》

酸与是一种怪鸟，长得像蛇，有四个翅膀、六只眼睛和三只脚。它发出的叫声跟它的名字一样。据说，酸与出现会给城镇造成恐慌。如果吃了它的肉，就不会醉。

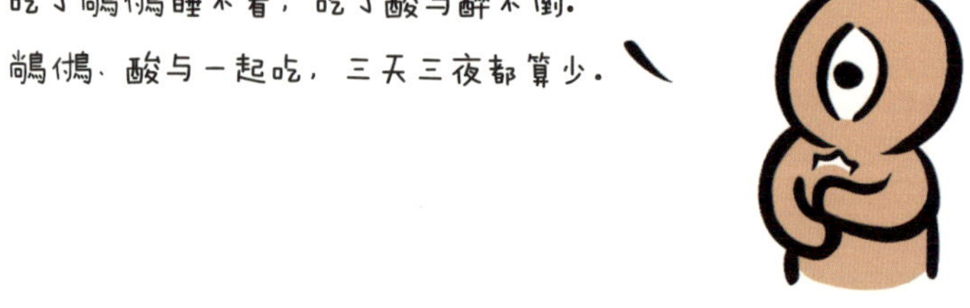

酸与

精卫 jīng wèi

【鸟】
【发鸠山】

原文

有鸟焉，其状如乌，文首、白喙、赤足，名曰精卫，其鸣自詨。是炎帝之少女，名曰女娃。女娃游于东海，溺而不返，故为精卫，常衔西山之木石，以堙于东海。

——《山海经·北次三经》

精卫外形像乌鸦，长着花脑袋、白鸟喙、红脚爪。它的叫声就像在叫自己的名字。据说，它是炎帝的女儿女娃所化之鸟。

精卫

传说

炎帝的女儿名叫女娃，有一天她到东海玩耍，一不小心掉进海里溺死了。她的灵魂变成了一只鸟，名叫精卫。她不甘心自己年纪轻轻就失去了性命，发誓不再喝东海的水。从此她终日“精卫，精卫——”地鸣叫，飞到西山衔来石子和树枝投入东海，试图把东海填平，希望大海不再溺死像她一样的年轻女子。所以精卫也被称为誓鸟、冤禽，还被称为志鸟，俗称帝女雀。

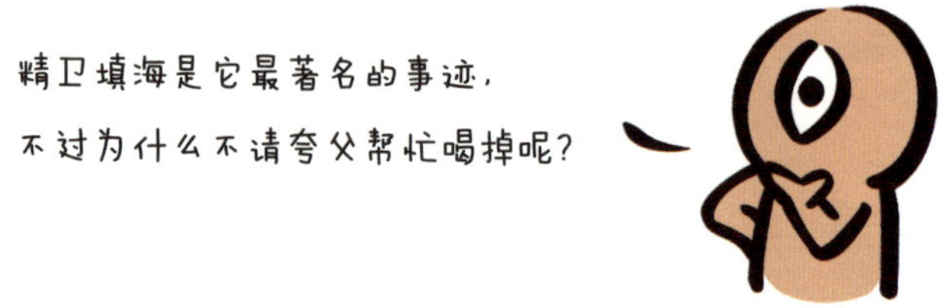

精卫填海

这位是
炎帝的女儿，
名叫女娃。

有一天她失足
掉进东海溺亡了。

她的灵魂
变成了精卫鸟。
它每天往东海扔石头，
想把东海填平。

这就是精卫填海的故事。

辣辣 dòng
辣辣 dòng

【兽】
【泰戏山】

原文

有兽焉，其状如羊，一角一目，目在耳后，其名曰辣辣，其鸣自訆。——《山海经·北次三经》

辣辣长得像羊，但只有一只角和一只眼，而且眼睛还长在耳朵后面。它发出“咚咚——”的叫声，像在叫自己的名字，更像在敲门。辣辣是兆丰年的吉祥兽，俗称“耩（jiǎng）子”，好像还不如辣辣好听。另一说辣辣是兆凶之兽，如果它出现，则国内会出大祸，宫中也会发生不吉利的事情。

辣辣

大蛇 dà shé

【蛇】
【錞于母逢山·浴水】
【禺稾（gǎo）山】
【耿山】
【碧山】
【跂踵山】

原文

又东五百八十里，曰禺稾之山。多怪兽，多大蛇。

——《山海经·南次三经》

是有大蛇，赤首白身，其音如牛，见则其邑大旱。

——《山海经·北次三经》

又南三百里，曰耿山。无草木，多水碧，多大蛇。

——《山海经·东次二经》

又南三百里，曰碧山。无草木，多大蛇，多碧水玉。

——《山海经·东次二经》

又南水行五百里曰流沙，行五百里，有山焉，曰跂踵之山。广员二百里，无草木，有大蛇，其上多玉。

——《山海经·东次三经》

大蛇不大，至少没巴蛇大。它有红色的脑袋，白色的身体，好像一条漂亮的“丹顶蛇”。大蛇的叫声和牛一样。据说，这种蛇一出现就说明天下要发生大旱灾了。

大蛇

猲狚
北号山
金
踇隅山
赭
玉
跂踵山
玉
鮯鮯鱼
深泽

东山经

鳙鳙鱼 yōng yōng yú

【鱼】

【楸（sù）螽（zhū）山·食水】

原文

其中多鳙鳙之鱼，其状如犁牛，其音如彘鸣。

——《山海经·东次一经》

鳙鳙鱼的长相如犁牛，牛头鱼身，也称“牛鱼”“禺禺鱼”。它的身体是黄色的，有虎皮花纹似的皮毛，发出的声音像猪叫。这种鱼体形很大，喜欢躺着睡觉。当人爬到了身上时它才会发觉，然后发出洪亮的叫声，一里之外都能听见，有点迟钝的样子。

据说，剥了它的皮悬挂起来，每当涨潮时皮上的毛便会竖立起来，退潮时毛就又恢复原貌。

鳙鳙鱼

从从 cóng cóng

【兽】

【栒（xún）状山】

原文

有兽焉，其状如犬，六足，其名曰从从，其鸣自詨。

——《山海经·东次一经》

从从的样子像狗，有六只脚，尾巴很长。它的叫声跟自己的名字一样。从从是一种吉兽，据说它会出现在那些君王体察民生、勤政爱民的国家。

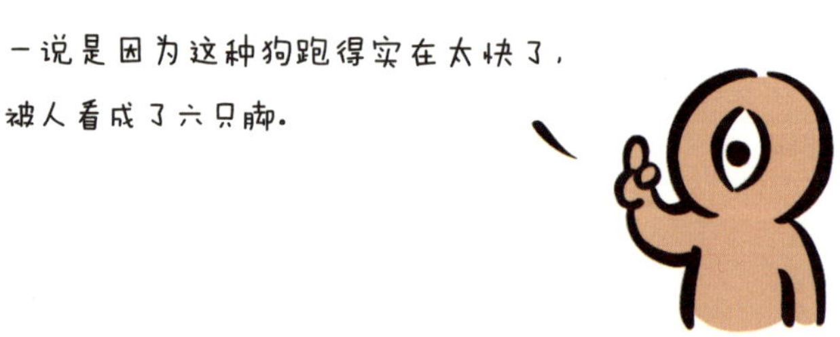

从从

鯈 tiáo
鳙 yóng

【鱼】
【独山·末涂水】

原文

末涂之水出焉，而东南流注于沔。其中多鯈鳙，其状如黄蛇，鱼翼，出入有光，见则其邑大旱。

——《山海经·东次一经》

鯈鳙长得像一条黄蛇，有鱼鳍，它出入水中时会闪闪发光，看起来很稀有的样子。

据说，它出现的地方会发生旱灾。

鯈鳙

軨 líng
軨 líng

【兽】
【空桑山】

原文

有兽焉，其状如牛而虎文，其音如钦，其名曰軨軨，其鸣自叫，见则天下大水。

——《山海经·东次二经》

軨軨长得像牛，身上有贵气的虎纹皮毛。它的叫声像在呻吟，又像在叫自己的名字。据说，它一出现就预示着天下将发生水灾。

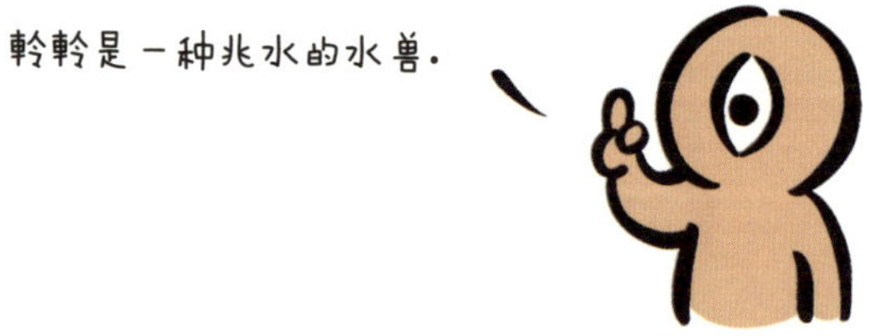

軨軨

珠 zhū 鳖 biē 鱼 yú

【鱼】

【葛山·澧水】

原文

澧水出焉，东流注于余泽。其中多珠鳖鱼，其状如肺而有目，六足有珠，其味酸甘，食之无疠（lì）。

——《山海经·东次二经》

珠鳖鱼是一种奇鱼，样子像一块长了眼睛的肺。它有六只脚，还能吐珍珠。这种鱼的味道酸里透着甜。据说，吃了它的肉就不会得麻风病。

一说有两只眼，一说有四只眼，
一说有六只眼，
还有一说它可能就是鳖，下的蛋
被当作珍珠了。

珠鳖鱼

犰 qiú 狳 yú

【兽】

【余峨山】

原文

有兽焉，其状如菟而鸟喙，鸱目、蛇尾，见人则眠，名曰犰狳，其鸣自訆，见则螽（zhōng）蝗为败。

——《山海经·东次二经》

犰狳外形像兔子，长着鸟嘴、鸱眼、蛇尾。它的叫声像在叫自己的名字，一看到人就装死，还挺聪明。据说它一出现就会闹蝗灾，但也许正因为闹蝗灾它才会出来吃大餐。

犰狳

朱 zhū 獳 rú

【兽】
【耿山】

原文

有兽焉，其状如狐而鱼翼，其名曰朱獳，其鸣自訆，见则其国有恐。——《山海经·东次二经》

朱獳外形跟狐狸差不多，是山中的野兽，虽然长着鱼鳍，却不生活在水中。它的叫声就跟自己的名字一样。据前文可以推测大部分异兽的名字都是凭其叫的声音取的。据说，有它出现的国家会发生恐慌。

朱獳

獙獙 bì bì

【兽】
【姑逢山】

原文

有兽焉，其状如狐而有翼，其音如鸿雁，其名曰獙獙，见则天下大旱。——《山海经·东次二经》

獙獙长得像狐狸，叫声像鸿雁，有一对翅膀但不会飞。据说，獙獙一出现就预示着天下要发生严重的旱灾。

獙獙

蠪侄 lóng zhí

【兽】【凫丽山】

原文

有兽焉，其状如狐而九尾，九首、虎爪，名曰蠪侄，其音如婴儿，是食人。——《山海经·东次二经》

蠪侄是一种吃人的怪狐狸，它不但有九条尾巴，还有九个脑袋。它的爪子像虎爪，叫声像婴儿啼哭一样，叫起来还是九个婴儿一起哇哇大哭，真是太可怕了。

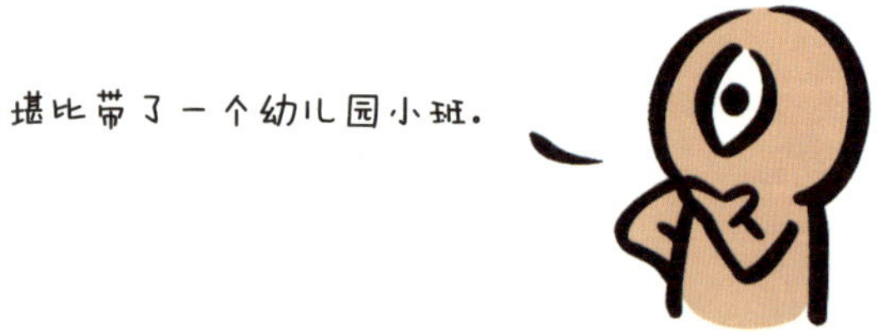

蠪姪

峳峳 yóu yóu

【兽】
【䃌山】

原文

有兽焉，其状如马而羊目，四角、牛尾，其音如嗥狗，其名曰峳峳。见则其国多狡客。

——《山海经·东次二经》

峳峳外形像马，有一双羊的眼睛，长着四只角和一根牛尾巴，叫声如狗叫。据说，峳峳出现的国家会出现很多奸诈狡猾的坏人。

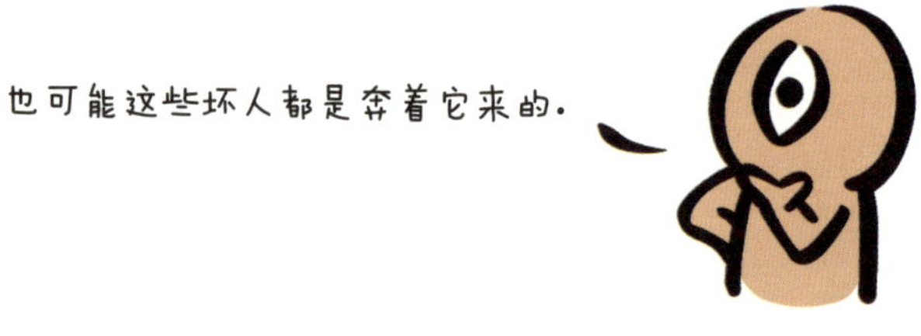

峳峳

絜钩 xié gōu

【鸟】

【硜山】

原文

有鸟焉，其状如凫而鼠尾，善登木，其名曰絜钩，见则其国多疫。

——《山海经·东次二经》

一种长得像野鸭的鸟，有一根老鼠一样的尾巴。絜钩擅长爬树，明明有翅膀却偏要靠爪子。据说有它出现的国家会发生疫情。

絜钩

鮯鮯鱼 gé gé yú

【鱼】
【跂踵山·深泽】

原文

有鱼焉，其状如鲤而六足鸟尾，名曰鮯鮯之鱼，其名自叫。

——《山海经·东次三经》

鮯鮯鱼长得像鲤鱼，生活在深水中，有六只脚，鸟尾。它的叫声像在叫自己的名字，但又像在认哥哥。

鲐鲐鱼

猲 gé 狙 jū

【兽】【北号山】

原文

有兽焉，其状如狼，赤首鼠目，其音如豚，名曰猲狙，是食人。——《山海经·东次四经》

猲狙也作“獦狚”，是一种狡猾的野兽。它的外形像狼，脑袋是红色的，有一双老鼠眼。它的叫声像猪叫，会吃人，可能是豺的一种。

猲狚

茈 zǐ 鱼 yú

【东始山·泚（zǐ）水】

【鱼】

原文

多茈鱼，其状如鲋，一首而十身，其臭如麋芜*，食之不糟（pì）。——《山海经·东次四经》

茈鱼长得像鲫鱼，有一个鱼头，十个鱼身，是一种经济价值很高的水产品，很像何罗鱼。它闻起来有一股蘼芜的香气，据说人吃了它的肉之后就不会放屁。

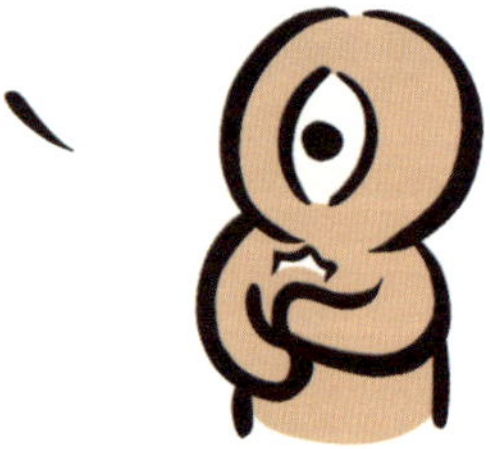

* 注：míwú，又作蘼芜，草名，叶有香气。

茈鱼

薄鱼 báo yú

【鱼】
【女烝山·石膏水】

原文

石膏水出焉，而西注于鬲水，其中多薄鱼，其状如鳣鱼而一目，其音如欧，见则天下大旱。

——《山海经·东次四经》

薄鱼长得像鳝鱼，但只有一只眼睛。它的叫声就像人呕吐的声音。据说，只要这种鱼一出现，天下就会发生大旱灾。

一说是水灾的征兆，与原文有点矛盾。
还有一说是天下有谋反的征兆。

薄鱼

当 dāng
康 kāng

【兽】
【钦山】

原文

有兽焉，其状如豚而有牙，其名曰当康，其鸣自叫，见则天下大穰。——《山海经·东次四经》

当康是山中一种吉祥的野兽，长得像小猪，嘴里有獠牙。它的叫声就像在唤自己的名字。据说它一出现天下就会大丰收。

传说南方有一种野兽，长得像鹿却有个猪脑袋，还有一对獠牙。它经常向人类撒娇讨要粮食吃，人们称它为无害的野兽，一说这种野兽就是当康。

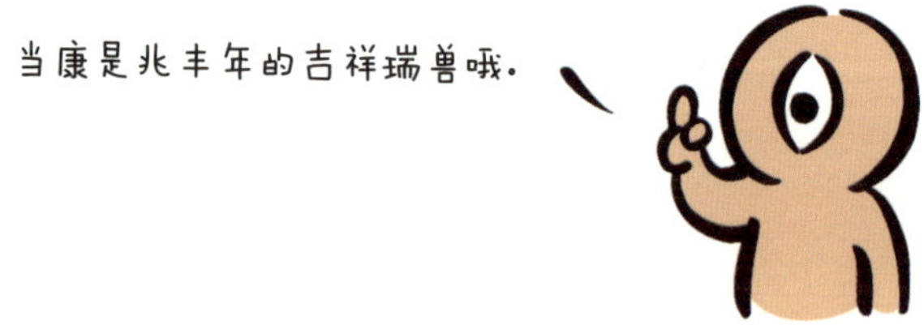

当康

合窳 hé yǔ

【兽】
【剡山】

原文

有兽焉，其状如彘而人面，黄身而赤尾，其名曰合窳，其音如婴儿。是兽也，食人，亦食虫蛇，见则天下大水。

——《山海经·东次四经》

合窳长得像野猪，有一张人脸，身体是黄色的，长着一条红色的尾巴，叫声像婴儿一样。合窳吃得很杂，吃虫、吃蛇，也吃人，是一种凶兽。据说，见到这种野兽就预示着要发生水灾。

合窳

蜚 fěi

【兽】【太山】

原文

有兽焉，其状如牛而白首，一目而蛇尾，其名曰蜚，行水则竭，行草则死，见则天下大疫。

——《山海经·东次四经》

蜚是一种山兽，长得像牛，有着白色的脑袋，只有一只眼睛，尾巴像蛇。它是可怕的野兽，也是一种灾兽，所到之处湖泊会干涸，草木会枯萎。据说有蜚出现的地方就会发生瘟疫。

蜚

首山
䮫鸟
机谷
㻬琈玉
铁
萧
交觞水
櫜山
金
修辟鱼
玉
櫜水

中山经

朏朏 fěi fěi

【兽】
【霍山】

原文

有兽焉，其状如狸，而白尾有鬣，名曰朏朏，养之可以已忧。——《山海经·中次一经》

朏朏的模样像猫，脖颈上有鬣毛，长着一条白色的尾巴。据说饲养这种奇兽可以解忧，给饲主带来快乐。

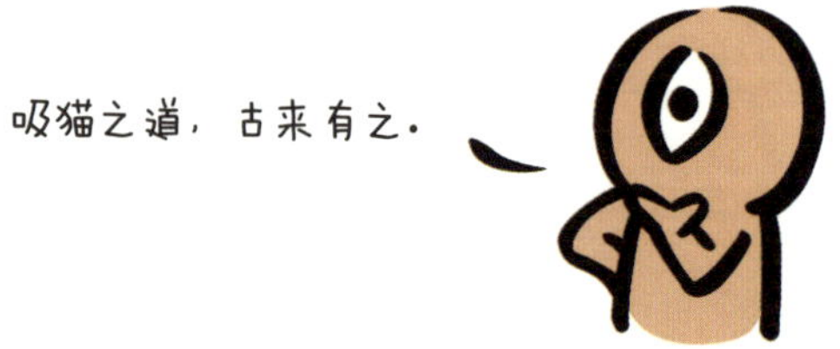

朏朏

鹖 hé

【鸟】

【辉诸山】

原文

中次二经济山之首曰辉诸之山，其上多桑。其兽多闾麋，其鸟多鹖。——《山海经·中次二经》

鹖是一种英勇的猛禽，长得像山鸡，但体形更大些。它的羽毛是青色的，头上有形状像角的毛。据说，这种鸟骁勇善战从不后退，如果它们看到自己的同伴受欺负，一定会上前营救，极为护短，往往会战到有一方死掉才罢休。

相传，黄帝与炎帝在阪泉交战时，便以雕、鹖、鹰、鸢的图案为旗帜。《古禽经》记载："鹖冠，武士服之，象其勇也。"插有鹖鸟羽毛的武士冠被称为"鹖冠"，又叫武冠，象征勇猛无畏。战国时期，为了激励士气，赵武灵王就曾下令将鹖鸟羽毛插在将士们头盔的两侧。后来，秦朝将其定为了一种制度。

鹖

传说

战国时期，有一位楚国人隐居于深山之中，他戴着用鹖的羽毛做成的帽子，并自称“鹖冠子”。这个楚人属黄老学派，原本没什么名气，后来“鹖冠子”的名号却声名远扬。据说流传后世的《鹖冠子》并非他本人所写，不过是后人借他名字写的罢了。

鹖冠子

从前有个楚国人
喜欢戴鹖羽做的帽子，
自称“鹖冠子”。
黄老学派
隐居深山
没名气
文笔一般
虽然本人没什么名气，
但鹖冠子的名号
却声名远扬。

不过流传后世的《鹖冠子》
并非他本人所写。
鹖冠子
不是我写的
这是侵权！

鸣 míng 蛇 shé

【蛇】

【鲜山·鲜水】

【帝囷山·帝囷水】

原文

其中多鸣蛇，其状如蛇而四翼，其音如磬，见则其邑大旱。

——《山海经·中次二经》

帝囷（qūn）之水出于其上，潜于其下，多鸣蛇。

——《山海经·中次十一经》

鸣蛇长相似蛇，有四只翅膀，生活在水中，能发出犹如敲击钟磬一般的声音。据说，见到这种蛇说明雨水减少，天下要发生旱灾了。

鸣蛇

化蛇 huà shé

【蛇】
【阳山·阳水】

原文

其中多化蛇，其状如人面而豺身，鸟翼而蛇行，其音如叱呼，见则其邑大水。——《山海经·中次二经》

化蛇虽然叫蛇，却长着人的脸、豺狼的身子和鸟的翅膀，走路的时候像蛇一般蜿蜒爬行。它发出的声音犹如人在呼吼。据说，见到这种野兽就预示着雨水增多，天下要发生水灾了。

一说与鸣蛇属同一类型，不过长相完全不同。
总之，无论见到哪只都没什么好结果。
不知道这两种蛇同时出现的话会不会风调雨顺呢？

化蛇

蠪蚔 lóng chī

【兽】
【昆吾山】

原文

有兽焉，其状如彘而有角，其音如号，名曰蠪蚔，食之不眯。——《山海经·中次二经》

蠪蚔看起来像头猪，头上却长着角，发出的叫声就像人在号啕大哭。据说，吃了它的肉就不会做噩梦。

蠪蚳

马 mǎ 腹 fù

【兽】【蔓渠山·伊水】

原文

有兽焉，其名曰马腹，其状如人面虎身，其音如婴儿，是食人。——《山海经·中次二经》

马腹也叫“马虎”“马肠”“水虎”“人膝”。它长着人的脸、老虎的身体，是一种害人、吃人的野兽，常常生活在水中。它的声音像婴儿啼哭一样。

马腹

传说

据《水经注》记载，沔水中有一种怪兽，长得像三四岁的小孩，身上有鳞甲，弓箭都无法击穿。这种水兽常常隐藏在水中，只在水面上露出膝盖，看起来很像一对老虎爪子，所以称之为“水虎”。

每到七八月的时候，这种水兽就喜欢趴在石头上晒太阳，如果小孩好奇去逗弄水虎，就会被水虎杀掉。如果有人活捉到一只水虎，只要割下它的鼻子（一说是水虎的生殖器），便可以驯服它了。

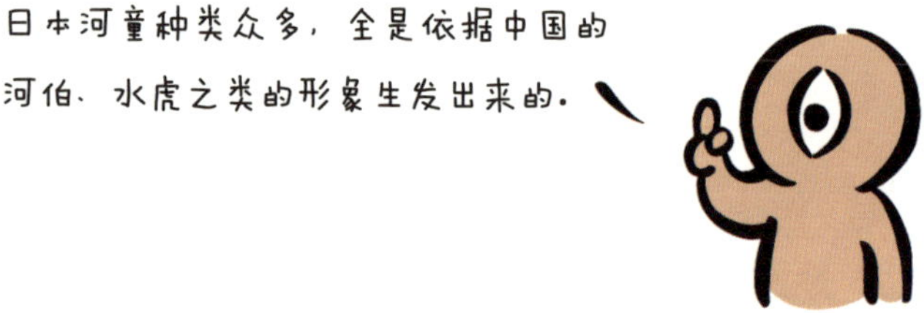

马腹非马

马腹将全身隐藏在水中，
膝盖露出水面就像一对虎爪，
所以马腹也叫“水虎”。

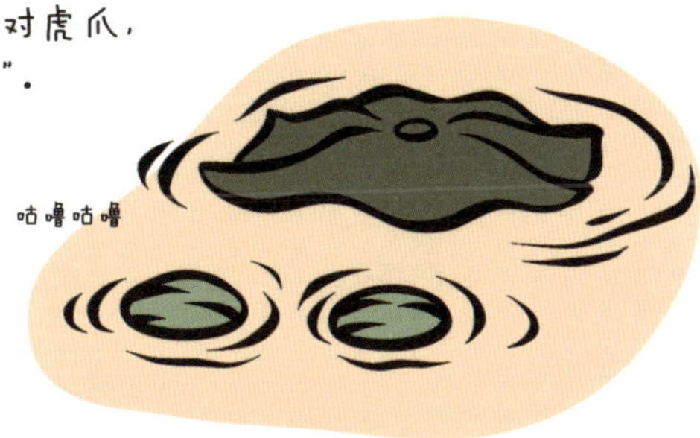

马腹喜欢趴在石头上晒太阳，
还会杀掉招惹它的小孩。

据说只要割下马腹的鼻子，
就可以驯服它了。

夫 fū 诸 zhū

【兽】

【敖岸山】

原文

有兽焉，其状如白鹿而四角，名曰夫诸，见则其邑大水。

——《山海经·中次三经》

夫诸看着像一头白鹿，头上有四只角，除此之外没有其他怪异的地方，甚至有点好看。据说，见到这种野兽就预示着城邑要发生水灾了。

夫诸

鴢 yǎo

【鸟】

【青要山·畛水】

原文

其中有鸟焉，名曰鴢，其状如凫，青身而朱目、赤尾，食之宜子。——《山海经·中次三经》

鴢是一种鸟，长得像野鸭，有着青色羽毛，红色尾巴，双眼呈浅红色。它虽然有脚，但是不太擅长走路。据说女人吃了它的肉可以生很多孩子，是种能够让子孙兴旺的吉鸟。

鴢

⿰犭頡 jié

【兽】【鳌山】

原文

有兽焉，名曰⿰犭頡，其状如獳犬而有鳞，其毛如彘鬣。

——《山海经·中次四经》

⿰犭頡长得像一条生气“炸毛”的狗，身上有鳞甲，鳞片之间有猪鬃一样的毛。

䲃鸟
dài niǎo

【鸟】

【首山·机谷】

原文

多䲃鸟，其状如枭而三目有耳，其音如录，食之已垫。

——《山海经·中次五经》

䲃鸟是生活在山谷中的一种怪鸟，长得像猫头鹰。它长着三只眼和两只耳朵，发出的鸣叫跟猪叫一样。据说吃了它的肉能除体内湿气，治好多年的老寒腿。

駄鸟

鸰 líng
鷃 yào

【鸟】
【瘣（guī）山·雚（guàn）谷】

原文

其中有鸟焉，状如山鸡而长尾，赤如丹火而青喙，名曰鸰鷃，其鸣自呼，服之不眯。

——《山海经·中次六经》

鸰鷃是一种长得像山鸡的鸟，有一条很长的尾巴。它的嘴巴是青色的，羽毛赤红就像一把火。它的叫声像在叫自己的名字，“嚓——嚓——”。据说吃了它的肉，人就不会做噩梦。

鸰
鹦

修 xiū 辟 pì 鱼 yú

【鱼】

【橐山·橐水】

原文

其中多修辟之鱼，状如黾而白喙，其音如鸱，食之已白癣。

——《山海经·中次六经》

修辟鱼虽然是鱼，形状却像青蛙，只有嘴巴是白色的。它的叫声跟鸱鸟的叫声很像，但书中也没有记录鸱鸟是怎么叫的。据说，吃了修辟鱼的肉就可以治疗白癣，即白秃疮。

修辟鱼

山 shān
膏 gāo

【兽】
【苦山】

原文

有兽焉，名曰山膏，其状如逐*，赤若丹火，善詈（lì）。——《山海经·中次七经》

山膏是山中一种不太友好的野兽。它长得像猪，浑身呈赤红色，最喜欢的事情就是骂人，除此之外没什么特别的。大抵擅口头攻击之物，物理攻击性不强。

*注：同“豚”。

山膏

文 wén
文 wén

【兽】
【放皋山】

原文

有兽焉，其状如蜂，枝尾而反舌，善呼，其名曰文文。

——《山海经·中次七经》

文文是一种野兽，长得像蜜蜂，尾巴细长、分叉，舌头是反长的，擅长呼喊。

一说“反舌”意为舌头能够灵活翻弄。

文文

三足龟

sān zú guī

【龟】

【大苦（kǔ）山·狂水】

原文

其阳狂水出焉，西南流注于伊水，其中多三足龟，食者无大疾，可以已肿。——《山海经·中次七经》

三足龟，顾名思义它是只有三只脚的乌龟，是一种吉祥的动物。据说吃了这种龟的肉人就不会得大病，还能消肿。

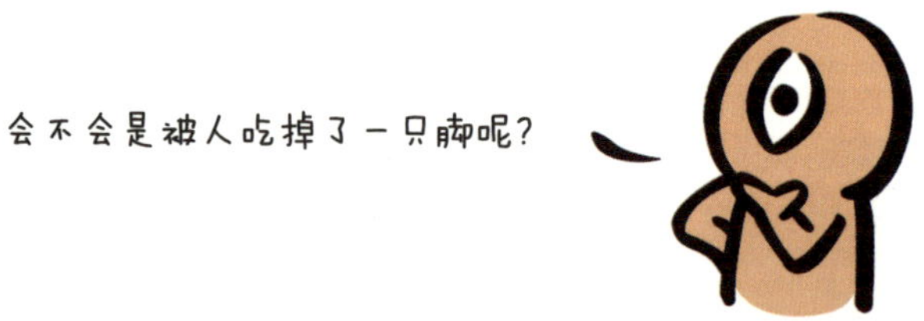

三足龟

鳑 tì 鱼 yú

【鱼】【少室山·休水】

原文

其中多鳑鱼，状如盩（zhōu）蜼而长距，足白而对，食者无蛊疾，可以御兵。——《山海经·中次七经》

鳑鱼属于人鱼一类，长得像猴子，有四只长脚，脚爪是白色的，还有点内八字，叫声像婴儿一般。据说人吃了它的肉可以不得疑心病。除此之外，吃它的肉还可以增强体质，抵御兵刃。

鯑鱼

鼍 tuó

【兽】
【岷山·江水】

原文

江水出焉，东北流注于海，其中多良龟，多鼍。

——《山海经·中次九经》

鼍长得像蜥蜴，有四只脚，最大的能有两丈（约 6.7 米）长，也作“鱓”，俗称“猪婆龙”。它身上有铠甲般的鳞片，皮可以做成鼓。它喜欢趴在岸上睡觉，还会在夜里鸣叫。据说鼍会飞，但它不能直飞，只能横飞，可以作雾唤雨。

传说，鼍是龙和蛟交配而生的怪物。

鼍

传说

黄帝之孙颛顼生于若水，住在空桑山。他登上帝位之后，民间逐渐流行起比较纯真的乐音，常能听见熙熙、凄凄、锵锵等声音。颛顼很喜欢这些声音，于是命令飞龙作乐，模仿这些声音，并将乐曲命名为《承云》，以此来祭祀天帝。

颛顼命令鼍为这首乐曲领奏。于是，鼍仰面躺在地上，用尾巴敲击自己的肚皮，发出和谐的乐音。这就是颛顼发明的乐器“鼍鼓”。

鼍和"鼍鼓"

鼍是龙和蛟配对而生，
它可以横着飞，
还能作雾唤雨。

当它敲击鼓起的肚皮发出响声，
就变成了乐器"鼍鼓"。

窃脂 qiè zhī

【鸟】
【崌（jū）山】

原文

有鸟焉，状如鸮而赤身白首，其名曰窃脂，可以御火。

——《山海经·中次九经》

窃脂是一种长得像猫头鹰的鸟。它有红色的羽毛，白色的脑袋，因为喜欢偷肉吃，所以叫“窃脂”。据说这种鸟可以预防火灾。

窃脂

獆狼 yì láng

【兽】
【蛇山】

原文

有兽焉，其状如狐而白尾长耳，名獆狼，见则国内有兵。

——《山海经·中次九经》

獆狼看起来像狐狸，尾巴是白色的，长着长长的耳朵。据说，獆狼是一种不祥之兽，它出现就意味着会有兵乱。

㹢狼

蜼 wèi

【兽】
【鬲山】
【狄山】
【开明兽南】

原文

其兽多犀、象、熊、罴，多猨、蜼。

——《山海经·中次九经》

狄山，帝尧葬于阳，帝喾葬于阴。爰有熊、罴、文虎、蜼、豹、离朱、视肉、吁咽。

——《山海经·海外南经》

开明南有树，鸟六首。蛟、蝮蛇、蜼、豹、鸟秩树于表池树木，诵鸟、鶽、视肉。

——《山海经·海内西经》

蜼是一种长相奇怪的猿猴，它有着黄黑色的皮毛，尾巴数尺长，脑袋上有撮尖尖的毛，鼻孔是朝上反长的。

据说在雨天，蜼会将身体悬挂在树枝上，或用尾巴或用手指塞住鼻孔，这样就不怕雨水灌进鼻子里了。这种兽还是雨的象征，古时画龙象征云，画雉表示雷，画虎象征风，画蜼象征雨。蜼和虎还常被画于酒器之上，被称为“宗彝”。

蜼
你流鼻血的时候是不是就不需要仰头了？
你是魔鬼吗！

跂踵 qǐ zhǒng

【鸟】

【复州山】

原文

有鸟焉，其状如鸮而一足、彘尾，其名曰跂踵，见则其国大疫。——《山海经·中次十经》

跂踵是一种鸟，长得像猫头鹰，但它只有一只脚，还有一根猪尾巴。据说，有它出现的国家会发生严重的疫病，与絜钩一样是预兆瘟疫的灾鸟。

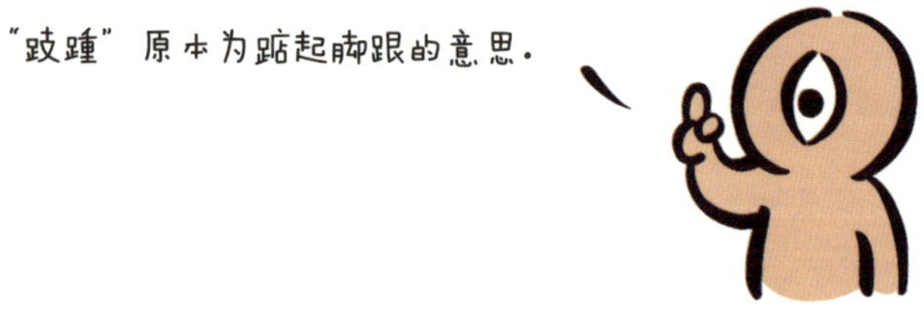

跂踵

雍 yōng 和 hé

【兽】
【丰山】

原文

有兽焉，其状如猨，赤目、赤喙、黄身，名曰雍和，见则国有大恐。——《山海经·中次十一经》

雍和是一种长得像猿猴的灾兽，它的嘴巴和眼睛是红色的，全身是黄色的皮毛，尾巴很长。据说，它出现的地方会发生很恐怖的事情，比如国家大乱。

雍和

婴勺 yīng sháo

【鸟】

【支离山】

原文

有鸟焉，其名曰婴勺，其状如鹊，赤目、赤喙、白身，其尾若勺，其鸣自呼。——《山海经·中次十一经》

婴勺的外形像喜鹊，有红色的鸟喙和一双红眼睛，身体呈白色，尾巴的形状像个酒勺，所以叫“婴勺”。它的叫声像在叫自己的名字，大概是类似口哨一样的声音。

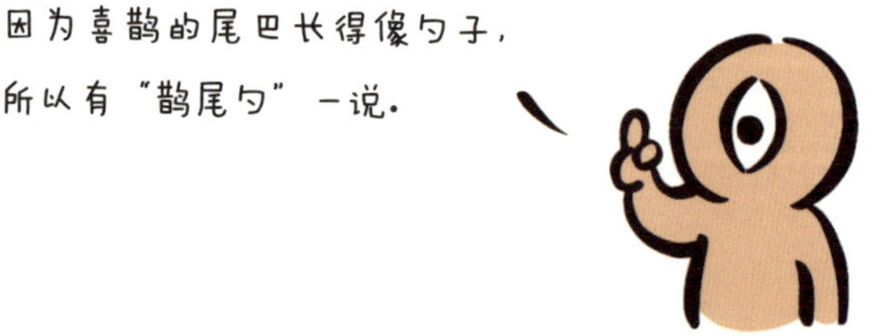

婴勺

青 qīng 耕 gēng

【鸟】【堇理山】

原文

有鸟焉，其状如鹊，青身、白喙、白目、白尾，名曰青耕，可以御疫，其鸣自叫。

——《山海经·中次十一经》

听名字，青耕像一种家畜，但它其实是一种禽鸟，长得像喜鹊，有着青色的羽毛。它的脑袋、鸟喙、眼睛和尾巴都是白色的，叫声就像在叫自己的名字。据说，这种鸟可以抵御疫病，还能消除灾祸。

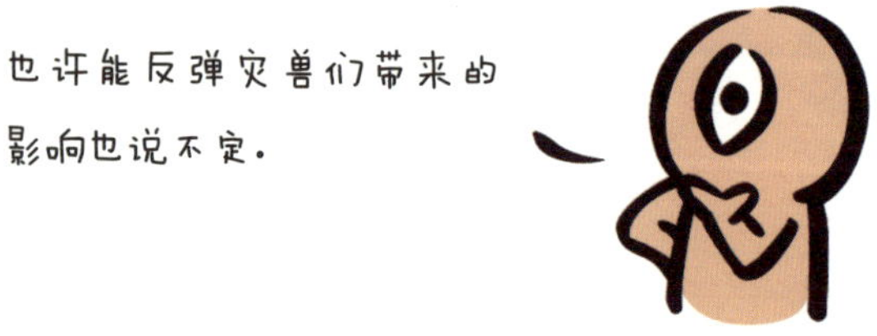

青耕

獜 lìn

【兽】
【依轱山】

原文

有兽焉，其状如犬，虎爪有甲，其名曰獜，善駚坌（yǎngfèn），食者不风。——《山海经·中次十一经》

獜长相如狗，四个爪子像虎爪一样，它的身上有鳞甲，喜欢蹦跳。据说吃了它的肉，可以治疗风寒湿证。

獜

三足鳖

sān zú biē

【龟】
【从山·从水】

原文

从水出于其上，潜于其下，其中多三足鳖，枝尾，食之无蛊疫。——《山海经·中次十一经》

据说三条腿的鳖名字叫“能”，尾巴是分叉的。传说能是禹的父亲鲧所化。这种鳖可入药，据说吃了它的肉，肚子里不会生寄生虫。

三足鳖

传说

鲧与丹朱、舜争夺帝位失败而被流放，最后葬身于羽山。死后，鲧的尸体三年不腐，后来有人将其尸体剖开，于是禹便降生了。而此时鲧的尸体则化作了“黄能”飞走了。这个“黄能”，一说是黄龙，一说是黄熊，一说是三足鳖。

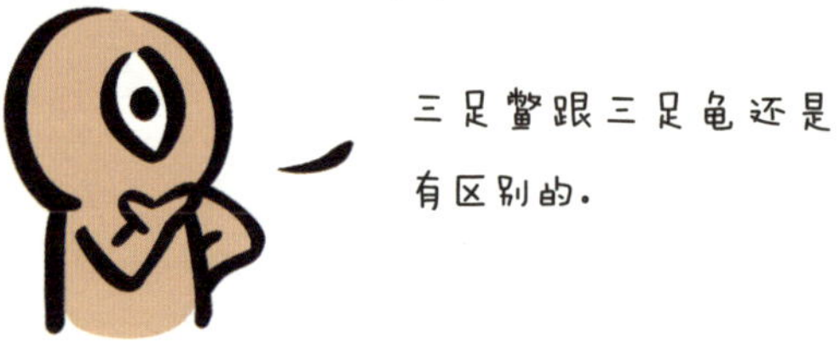

“黄能”是什么

一说是黄龙。

一说是黄熊。

一说是三足鳖。

狙 jū 如 rú

【兽】
【倚帝山】

原文

有兽焉，其状如猷鼠，白耳、白喙，名曰狙如，见则其国有大兵。——《山海经·中次十一经》

狙如也是一种灾兽，长得像猷鼠，耳朵和嘴巴是白色的。这种小兽对人没什么危害，但也不怎么吉利，据说有它出现的地方会发生兵乱。

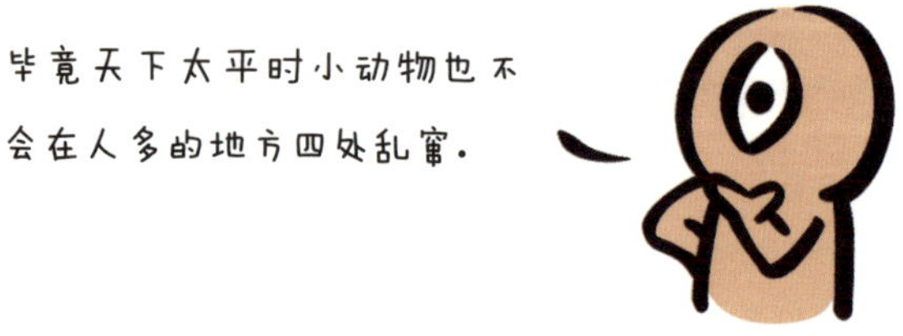

狙如

猗即 yí jí

【兽】
【鲜山】

原文

有兽焉，其状如膜犬，赤喙、赤目、白尾，见则其邑有火，名曰猗即。——《山海经·中次十一经》

猗即是一种火兽，长得像西膜地区一种高大浓毛、凶悍矫健的猛犬。它长着红色的眼睛和红色的嘴，有一条白尾巴。据说它出现的地方会发生火灾。

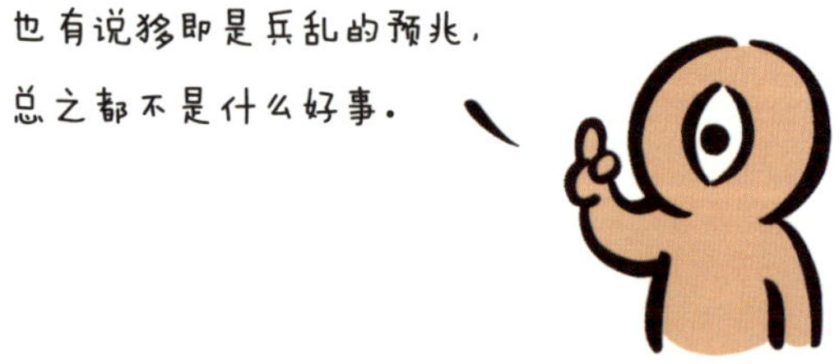

獂即

梁 liáng 渠 qú

【兽】
【历石山】

原文

有兽焉，其状如狸而白首、虎爪，名曰梁渠，见则其国有大兵。 ——《山海经·中次十一经》

梁渠的模样像猫，长着白色的脑袋、虎一样的爪子。据说它出现的地方会有兵乱。

梁渠

闻 wén 獜 lín

【兽】

【几山】

原文

有兽焉，其状如彘，黄身、白头、白尾，名曰闻獜，见则天下大风。——《山海经·中次十一经》

闻獜长得像野猪，有黄色的身子、白色的脑袋和尾巴。据说，闻獜是一种“风兽”，见到这种野兽意味着要起风了。

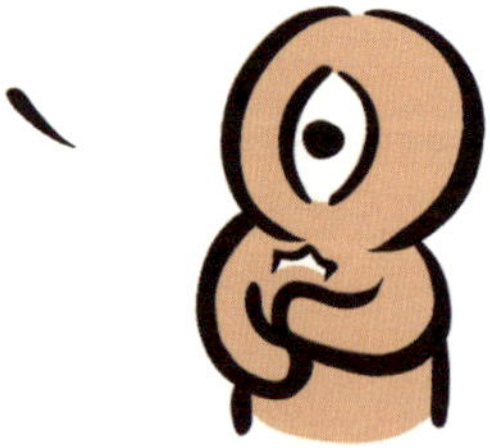

闻

蛫 guǐ

【兽】【即公山】

原文

有兽焉，其状如龟而白身、赤首，名曰蛫，是可以御火。

——《山海经·中次十二经》

蛫的外形像龟，有红色的脑袋、白色的身体。据说，这种怪兽可以预知火情，饲养它可以防火。

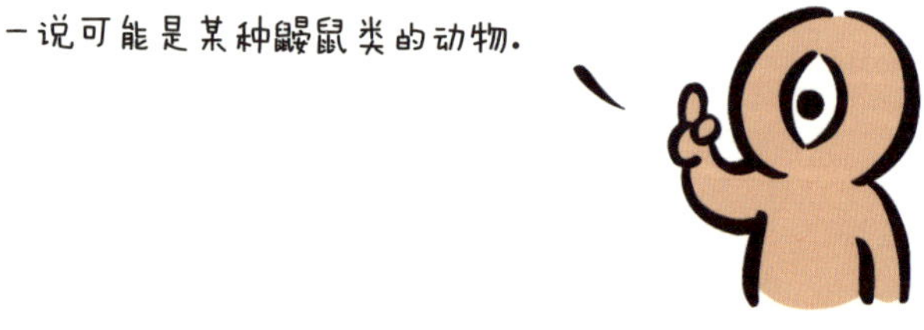

蛫

山海经里的大怪兽 3

千两／著绘

海南出版社
·海口·

图书在版编目 (CIP) 数据

山海经里的大怪兽：全三册 / 千两著绘 . -- 海口：海南出版社，2023.6

ISBN 978-7-5730-1121-3

Ⅰ . ①山… Ⅱ . ①千… Ⅲ . ①《山海经》- 通俗读物
Ⅳ . ① K928.626-49

中国版本图书馆 CIP 数据核字 (2023) 第 063913 号

山海经里的大怪兽 3

SHANHAIJING LI DE DA GUAISHOU 3

作　　者：千　两
责任编辑：刘长娥
策划编辑：刘长娥　崔子荃
封面设计：任　佳
责任印制：杨　程
印刷装订：北京雅图新世纪印刷科技有限公司
读者服务：唐雪飞
出版发行：海南出版社
总社地址：海口市金盘开发区建设三横路 2 号
邮　　编：570216
北京地址：北京市朝阳区黄厂路 3 号院 7 号楼 101 室
电　　话：0898-66812392 010-87336670
电子邮箱：hnbook@263.net
经　　销：全国新华书店
版　　次：2023 年 6 月第 1 版
印　　次：2023 年 6 月第 1 次印刷
开　　本：880 mm × 1230 mm　1/32
印　　张：18
字　　数：194 千
书　　号：ISBN 978-7-5730-1121-3
定　　价：158.00 元（全三册）

目录

海外经

海内经

大荒经

海内经

白民国
三珠树
乘黄
龙鱼
三桑

海外经

结 jié
匈 xiōng
民 mín

【人】

【结匈国·海外之西南】

原文

结匈国在其西南，其为人结匈。

——《山海经·海外南经》

结匈国的人无论男女，前胸都有一大块凸起，就像男人的喉结似的，也就是所谓的鸡胸，他们被称为“结匈民”。

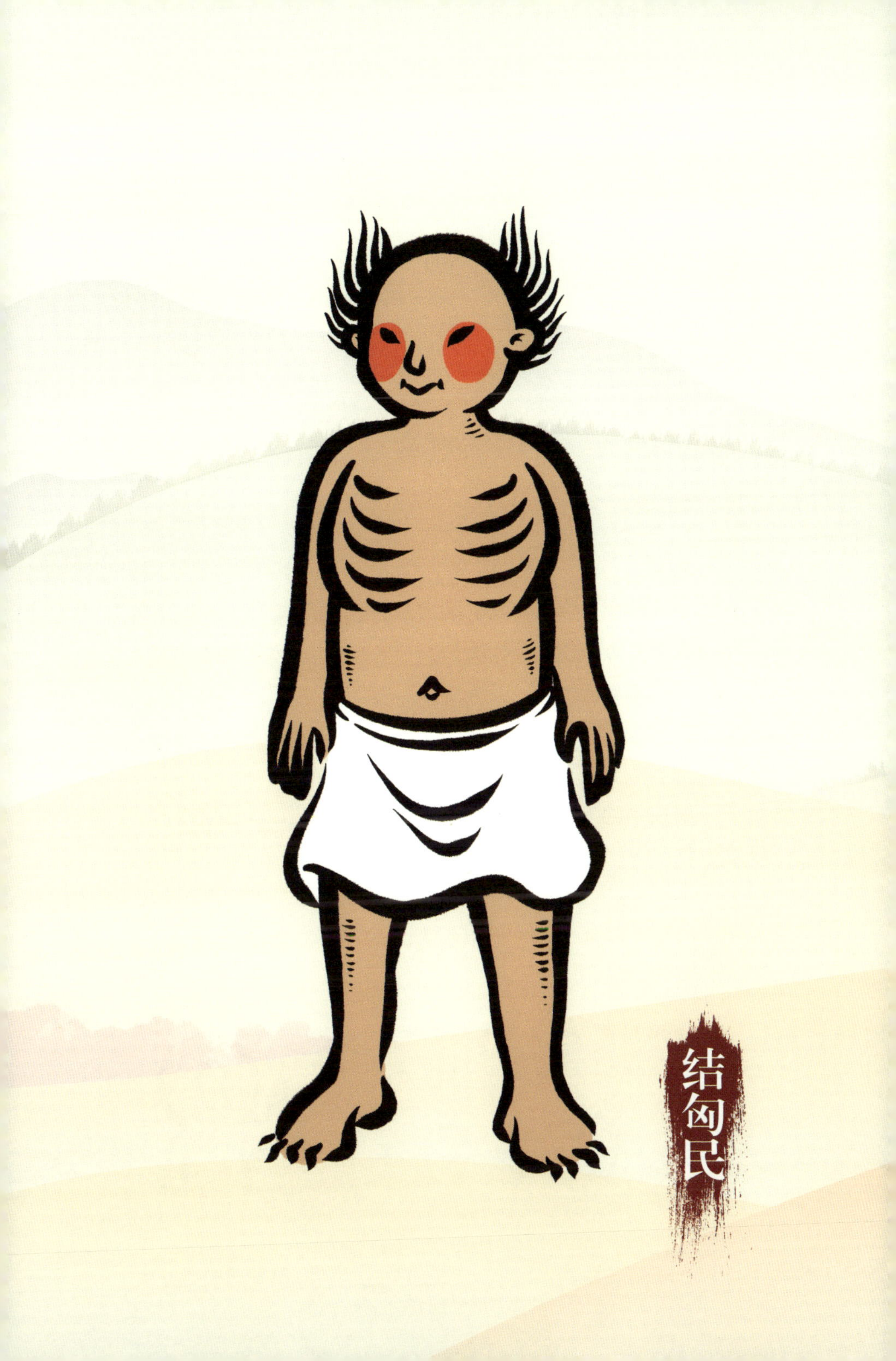
结匈民

羽 yǔ 民 mín

【人】

【羽民国，比翼鸟东南】

原文

羽民国在其东南，其为人长头，身生羽。一曰在比翼鸟东南，其为人长颊。——《山海经·海外南经》

有羽民之国，其民皆生毛羽。

——《山海经·大荒南经》

羽民国的人脑袋很长，长着白色的头发、红色的眼睛，嘴巴似鸟喙，也可能是脸长、下巴尖，所以看起来就像长着鸟嘴一样。他们身上有鸟一样的翅膀，可以飞，但又飞不远。羽民都是卵生的，并以鸾鸟的蛋为食。

羽民

【人】
【讙头国·毕方南】

讙头国人
huān tóu guó rén

原文

讙头国在其南，其为人人面有翼，鸟喙，方捕鱼。一曰在毕方东，或曰讙朱国。——《山海经·海外南经》

讙头国也叫“讙兜国”“讙朱国”或“丹朱国”，这里的人长得像鸟：人的脸庞，却有鸟喙和翅膀。他们跟羽民有点像，但是他们完全不会飞，只能把翅膀当走路时的辅助工具用。他们每天用鸟嘴捕鱼吃，也会吃一些谷物充饥。

讙头国人

传说

帝尧之子丹朱谋反失败后投海自尽，灵魂化为鴸鸟。他的子孙在南海建立的国家就是讙头国，所以国人也都是鸟的样子。

讙头国

传说丹朱死后化作了鴸鸟.
朱

于是他的后代就变成
了鸟的样子.
所以讙头国
也叫"丹朱国".

虽然他们有翅膀,
但并不会飞,
只是装装样子.
呼扇~
呼扇~

厌火国人

yàn huǒ guó rén

【人】
【厌火国·讙头国南】

原文

厌火国在其国南，兽身黑色，生火出其口中，一曰在讙朱东。

——《山海经·海外南经》

厌火国在讙头国的南方或东方，也叫“厌光国”。这里的人身体像猴子，全身有黑色的毛。据说，他们以炭火为食，还会用嘴巴吐火，所以街头喷火的杂技在这里一点儿也不稀奇。这个国家还有一种食火兽，名叫“祸斗”。

厌火国人

三苗国人

sān miáo guó rén

【人】
【三苗国·赤水东】

原文

三苗国在赤水东，其为人相随。一曰三毛国。

——《山海经·海外南经》

三苗国又名“三毛国”，这里的国人被称为“苗民”。他们有翅膀，但只是个摆设，并不会飞。他们以肉为食。苗民出行时总是一个跟着一个，结队而行，很有秩序。

三苗国人

传说

丹朱曾联合三苗的首领，反对尧将帝位传给舜，尧便杀了三苗的首领，后来苗民怀恨在心，他们背叛尧，去南海投靠丹朱，形成了三苗国。一说三苗国人是讙头国人的后代。

三苗国和讙头国

三苗国人和讙头国人都长
有一对飞不起来的翅膀。

三苗国人喜欢吃肉，
而讙头国人喜欢吃鱼。

这两国的人都住在南海，
而且与丹朱有一定渊源。

臷民 zhí mín

【人】

【臷国·三苗国东】

原文

臷国在其东，其为人黄，能操弓射蛇。一曰臷国在三毛东。——《山海经·海外南经》

有臷民之国。帝舜生无淫，降臷处，是谓巫臷民。巫臷民朌姓，食谷，不绩不经，服也；不稼不穑，食也。爰有歌舞之鸟，鸾鸟自歌，凤鸟自舞。爰有百兽，相群爰处。百谷所聚。——《山海经·大荒南经》

臷国也叫“臷民国”，这里的人民也被称为“巫臷民”，他们原本是舜的后代，人人都姓朌。巫臷民的皮肤是黄色的，很擅长用弓箭射蛇。据说，在这个国家不用养蚕织布也有衣服穿，不种地也有粮食吃。鸾鸟、凤鸟在这里载歌载舞，无数种动物都聚集在这里，是先民理想中的国家。

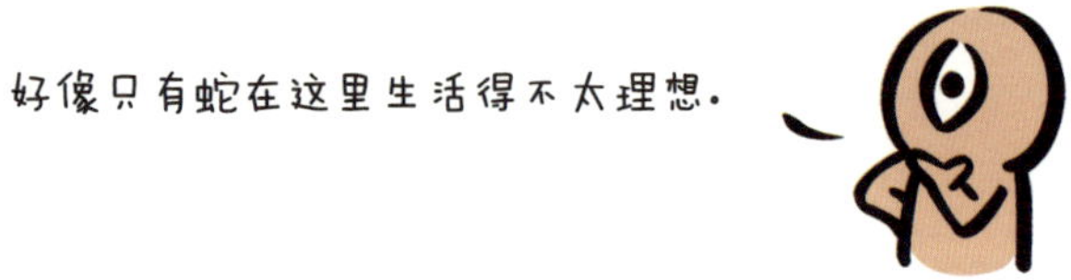

臷民

贯匈国人

guàn xiōng guó rén

【人】

【贯匈国·载国东】

原文

贯匈国在其东，其为人匈有窍。一曰在载国东。

——《山海经·海外南经》

贯匈（胸）国在载国的东面，也叫“穿胸国”，这里的人们心里总是空空的，因为他们的胸膛上有一个大洞。据说，这个国家有地位的人会脱去上衣，让下人用一根竹棍穿过他胸部的孔洞，然后像抬轿子一样抬着他走，好不自在。

贯匈国人

传说

大禹治水时在会稽山召见天下诸神，但吴越山神防风氏去晚了，于是禹便杀了他。后来大禹完成治水，建立新王朝，他乘着由两条龙驾驶的龙车巡游天下。在南方的某个地方，防风氏的后裔看到了禹，生气地弯弓射向大禹，这时突然雷声大作，禹乘着龙车腾云驾雾离开了。防风氏的后裔吓坏了，自知闯了祸，便用刀刃自贯其胸而死。后来大禹感念他的耿直，叫人将不死草塞进他胸前的窟窿里，把这位防风氏后裔又救活了，从此他的胸口处就留下了一个空心的大洞，他的后代建立了贯匈国。

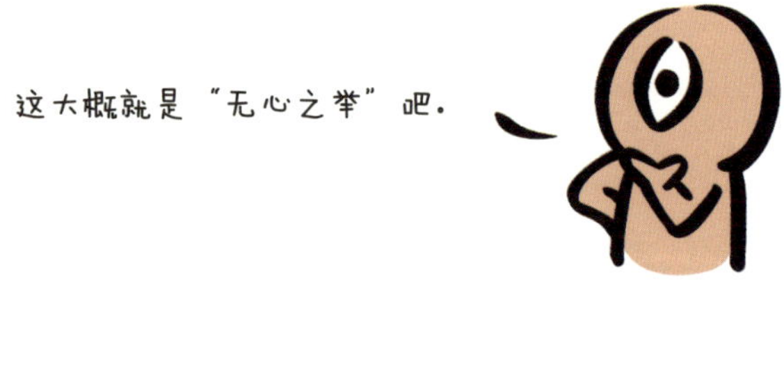

贯匈国

贯匈国人会让人用一根棍子穿过胸部的孔洞抬着走。

不过人多的时候可能会很费力。

交胫国人

交 jiāo
胫 jìng
国 guó
人 rén

【人】
【交胫国·贯匈国东】

原文

交胫国在其东，其为人交胫。一曰在穿匈东。

——《山海经·海外南经》

交胫国人个子不高，约四尺（约 1.33 米）。他们双腿都是交叉的，就连走路的时候也保持这种怪异的姿势。据说，这里的人脚上没有关节，一旦躺下就起不来了，必须要有人扶着才能站起来。

交胫国人

不 bù 死 sǐ 民 mín

【人】【贯匈国东】

原文

不死民在其东，其为人黑色，寿，不死。一曰在穿匈国东。——《山海经·海外南经》

有不死之国，阿姓，甘木是食。

——《山海经·大荒南经》

员丘山被称为“不死山”，不死国就在这座山中，山中有一种不死树，吃了就可以长寿，还有一个赤泉，喝了泉水就可以不老。不死国的国民叫作“不死民”，这里的人都姓阿，他们的皮肤像炭一样黑，因为吃了不死树、喝了赤泉水，他们都可以长生不死，不需要吃饭。

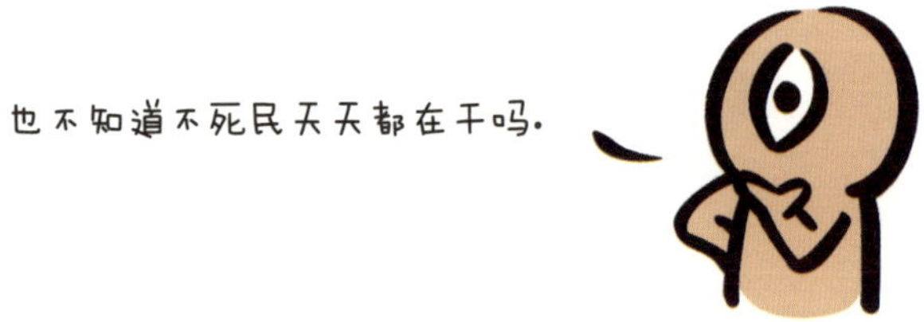

不死民

岐舌国人

qí shé guó rén

【人】

【岐舌国·不死民东】

原文

岐舌国在其东。一曰在不死民东。

——《山海经·海外南经》

岐舌国也叫“反舌国”“支舌国”，这个国家的人舌头都是反着长的，舌根在前面，舌尖在里面，所以叫反舌国。据说，别人听不懂他们说的话，只有他们本国人能听得懂。

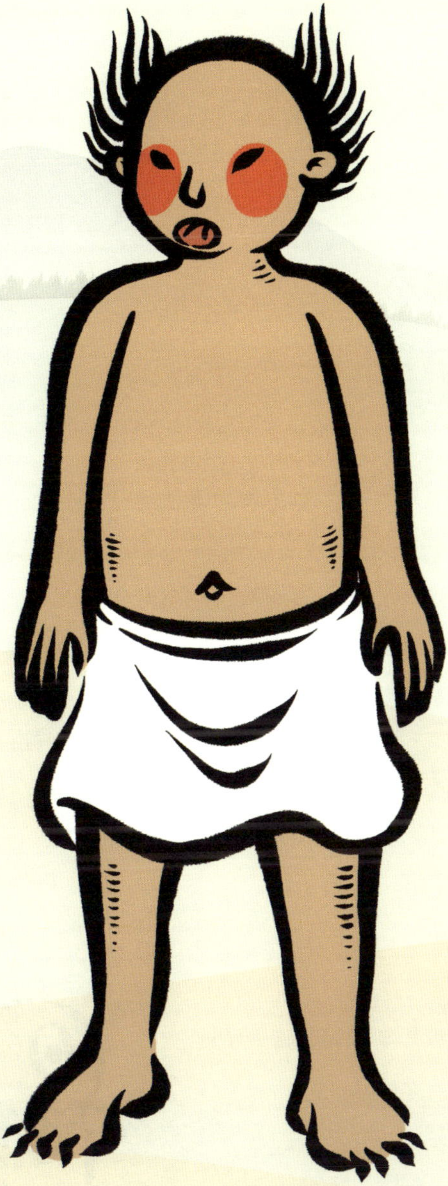

岐舌国人

三首国人

sān shǒu guó rén

【人】

【三首国·凿齿东】

原文

三首国在其东，其为人一身三首。一曰在凿齿东。

——《山海经·海外南经》

服常树，其上有三头人，伺琅玕树。

——《山海经·海内西经》

顾名思义，三首国的人都长着三个脑袋，只要一个头上的眼睛看到东西，另外两个头上的眼睛就也看到了；只要一张嘴吃了东西，另外两张嘴就也不馋了。说明虽然头是三个头，脑子可能还是一个脑子。

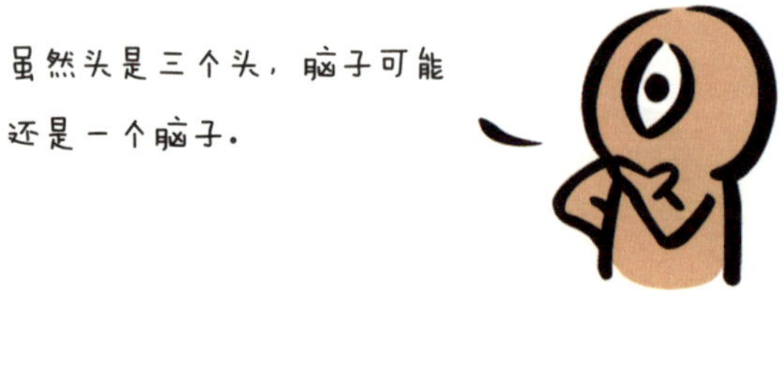

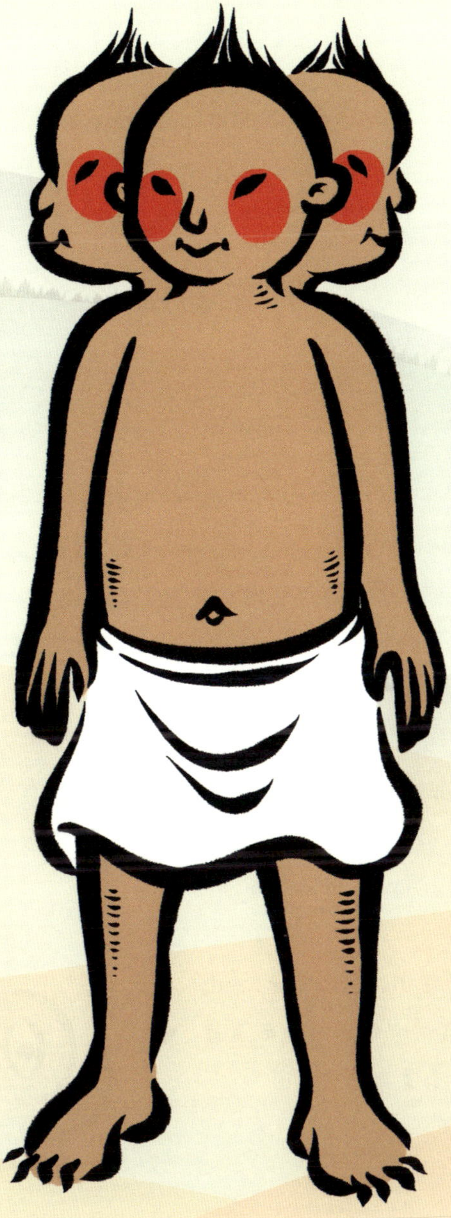

三首国人

周饶国人

zhōu ráo guó rén

【人】

【周饶国·三首国东】

原文

周饶国在其东，其为人短小，冠带。一曰焦侥国，在三首东。——《山海经·海外南经》

有小人，名曰焦侥之国，几姓，嘉谷是食。——《山海经·大荒南经》

周饶国也叫“焦侥国”“小人国”，即字面意义的小人国。这里的人都姓几，身材矮小如侏儒，身高只有三尺，他们住在山洞里，跟普通人一样穿衣戴帽，文质彬彬的。据说周饶国的人很聪明，能够制作各种器具。

古籍中有很多关于小人国的记述，《山海经》中除记载周饶国之外，还有靖人、菌人，他们都是来自小人国。

周饶国人

长 cháng 臂 bì 国 guó 人 rén

【人】

【长臂国·周饶国东】

原文

长臂国在其东，捕鱼水中，两手各操一鱼。一曰在焦侥东，捕鱼海中。——《山海经·海外南经》

长臂国的人被称为“修臂民”，这里的人胳膊比身体还长，两只手可以垂到地面。据说他们的胳膊长有两三丈（6.6～10米）。他们很擅长捕鱼，以捕鱼为业，常常能够两只手各抓住一条鱼，毫不费力。

长臂国人

传说

魏文帝时，玄菟郡太守讨伐高句丽，追到了沃沮国。这里东面临海，太守便询问当地老人："这里还有人居住吗？"老人回答："有人曾在海里捞上来一件衣服，看起来很普通，但袖子却有两三丈长，应该是长臂国人穿的衣服。"

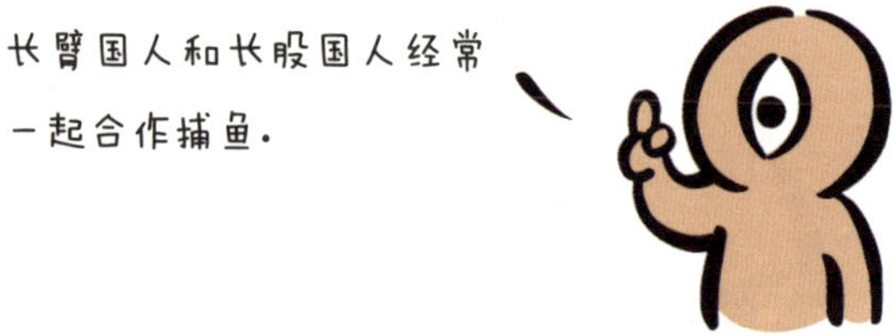

长臂国和长股国

据说长臂国人经常跟长股国人一起合作捕鱼。

三 sān 身 shēn 民 mín

【人】
【三身国·夏后启北】

原文

三身国在夏后启北，一首而三身。

——《山海经·海外西经》

有人三身，帝俊妻娥皇，生此三身之国，姚姓。黍食，使四鸟。——《山海经·大荒南经》

三身国的人被称为“三身民”，当地人都姓姚，帝俊的妻子就出生在这里。他们有一个脑袋、三个身体，以黄米为食。

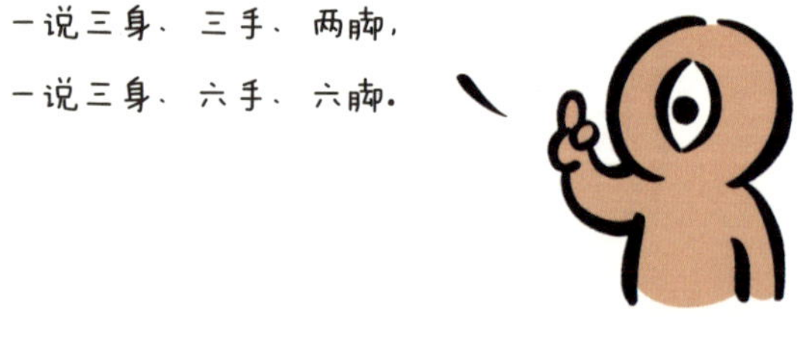

三身民

比 bǐ 肩 jiān 民 mín

【人】

【一臂国·三身国北】

原文

一臂国在其北，一臂、一目、一鼻孔。有黄马、虎文，一目而一手。——《山海经·海外西经》

有一臂民。——《山海经·大荒西经》

一臂国也叫“比肩国”“半体国”，这里的人被叫作“比肩民”或“半体人”，他们只有一只手臂、一只眼睛、一只脚和一个鼻孔，所以这里的人都是用一个鼻孔“出气”。一臂国中还有一种身上有虎纹的黄马，也只有一只眼睛和一条腿，国人会骑着这种马赶路。

一说一臂国的人会像比翼鸟一样两两结伴而行，所以又叫“比肩民”。

比肩民

奇 jī 肱 gōng 国 guó 人 rén

【人】
【奇肱国·一臂国北】

原文

奇肱之国在其北，其人一臂三目，有阴有阳，乘文马。有鸟焉，两头，赤黄色，在其旁。

——《山海经·海外西经》

奇肱国或作“奇股国”。“奇肱”意为一只手臂，“奇股”意为一只脚。据说这个国家的人只有一只手或一只脚，有三只眼睛，雌雄同体：上半身是女人，下半身是男人。虽然他们只有一只手或脚，但擅长制造各种精巧的器械捕捉禽鸟。他们以工艺技术高明著称，还会制造一种飞车，随风自走。他们还会骑一种名为“吉量”的神马，身边还常常有赤黄色的双头怪鸟做伴。

奇肱国人

传说

殷汤时期，奇肱国人乘飞车时被西风刮到了豫州界内，汤王得知后为了不让百姓看到，就派人砸了他们的车。十年之后，刮起了东风，奇肱国人又做了一辆新的飞车，乘上它，借着东风回国了。

奇肱国人的飞车

传说奇肱国人会制造一种飞车，可随风自走。

一日，他们被风刮到了豫州界内，汤王得知后派人砸了他们的飞车。

十年后，奇肱国人又做了一辆新的飞车，乘上它，借着东风回国了。

丈夫国人

丈 zhàng 夫 fū 国 guó 人 rén

【人】

【丈夫国·维鸟北】

原文

丈夫国在维鸟北，其为人衣冠带剑。

——《山海经·海外西经》

有丈夫之国。——《山海经·大荒西经》

丈夫国的国民都是男人，他们衣冠楚楚，随身佩剑。因为没有女人，所以这里人人都有生儿子的能力。据说，丈夫国的每个男人都可以生两个儿子，他们的后代都是从背部的肋骨中生出来的。只要儿子一出生，父亲就会立即死去。

丈夫国人

传说

殷帝太戊命王孟去西王母山中寻找不死药，不曾想中途断了粮，无法继续前进了。他只好停留在原地，摘树上的野果充饥，扒下树皮当衣服穿。王孟在深山中终生无妻，最后竟从腋下诞出两个儿子，王孟随即便死去了。他的两个儿子后来建立了丈夫国，成为这里最早的国民。

丈夫国的由来

传说王孟去山中寻找不死药，
中途却断水断粮，
被困在了山里。

后来，终生未娶
的王孟竟从腋下
诞出两个儿子。

这两个儿子后来便建立了丈夫国。

巫咸国人

巫 wū 咸 xián 国 guó 人 rén

【人】【巫咸国·女丑之尸北】

原文

巫咸国在女丑北，右手操青蛇，左手操赤蛇。在登葆山，群巫所从上下也。

——《山海经·海外西经》

有灵山，巫咸、巫即、巫肦、巫彭、巫姑、巫真、巫礼、巫抵、巫谢、巫罗十巫从此升降，百药爰在。

——《山海经·大荒西经》

“巫咸”是古代神巫，他建立的国家便是巫咸国。巫咸国的人全都是巫师，擅长巫医、巫术。他们右手操着一条青蛇，左手持着一条赤蛇。这里还有一座登葆山，也叫巫山、灵山，巫咸国的国民经由这座山可往来于人间和天界，此山就像连接两界的天梯一样。

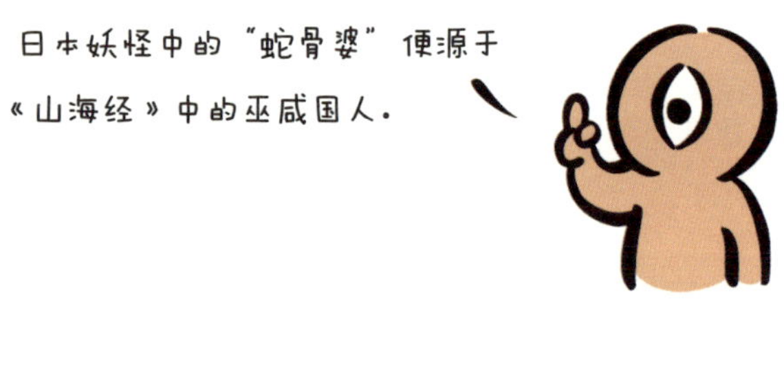

巫咸国人

并 bìng 封 fēng

【兽】【巫咸国东】

原文

并封在巫咸东，其状如彘，前后皆有首，黑。

——《山海经·海外西经》

有兽，左右有首，名曰屏蓬。

——《山海经·大荒西经》

并封长得像黑色的双头猪，它前面长着猪头，后面也长着猪头，身体两端各长有一个头；还有一种说法是它的身体左右两侧各长一个头，也作“并逢”“屏蓬”“鳖封”。“并”与“逢”都有“合在一起”的意思。

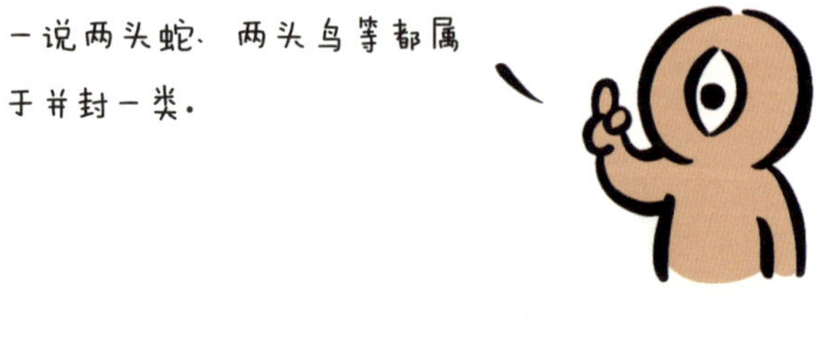

并封

女 nǚ 子 zǐ 民 mín

【人】
【女子国·巫咸国北】

原文

女子国在巫咸北，两女子居，水周之。一曰居一门中。

——《山海经·海外西经》

有女子之国。——《山海经·大荒西经》

女子国坐落于大海中央，四面环海。女子国的人被称为“女子民”。据说女子国中有一个池子叫黄池，女人们只要在黄池里沐浴就可以怀孕生子。如果生下的是女孩就会健康成长；如果是男孩，他长到三岁就会死掉。所以这个国家的子民全部是女人，没有男子，与丈夫国相反。

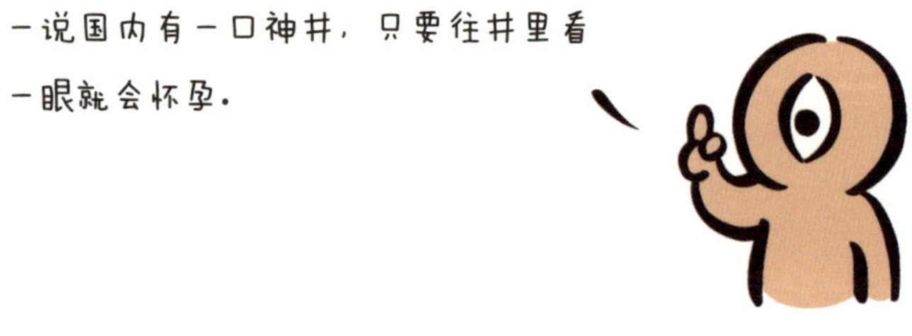

女子民

轩 xuān 辕 yuán 国 guó 民 mín

【人】

【轩辕国·女子国北】

原文

轩辕之国在此穷山之际，其不寿者八百岁。在女子国北。人面蛇身，尾交首上。——《山海经·海外西经》

有轩辕之国。江山之南栖为吉。不寿者乃八百岁。

——《山海经·大荒西经》

轩辕国是黄帝居住的地方，这里的人都姓姬，而且都很长寿，最短也能活到八百岁。他们长着人的脸庞和蛇的身体，常常会把尾巴盘在头顶上，造型很奇特。在这里，人们冬天不用穿太多衣服，夏天也不用扇扇子。另外，古代的神祇大多是人面蛇身或龙头人身的形象。

轩辕国民

龙鱼 lóng yú

【鱼】【天野北】

原文

龙鱼陵居在其北，状如狸。一曰鰕。即有神圣乘此以行九野。一曰鳖鱼在天野北，其为鱼也如鲤。

——《山海经·海外西经》

龙鱼是传说中的一种灵鱼，长得像猫，头上有一角，生活在丘陵上，怎么看也不太像鱼的样子。它是神巫的坐骑，据说骑着龙鱼可以腾云驾雾，如乘天马行空。

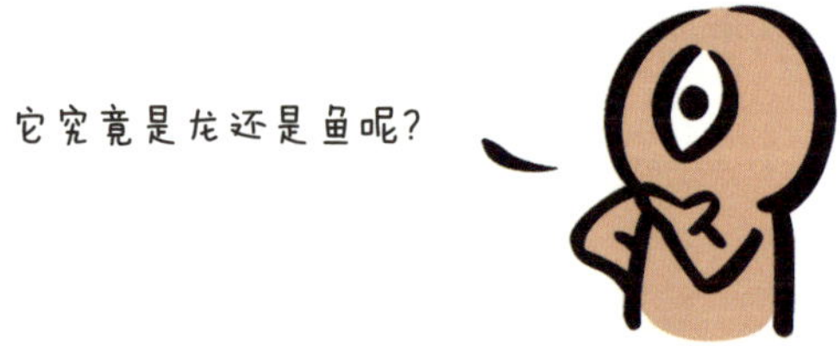

龙鱼

白民国人

bái mín guó rén

【人】

【白民国·龙鱼北】

原文

白民之国在龙鱼北，白身被发。

——《山海经·海外西经》

有白民之国。帝俊生帝鸿，帝鸿生白民，白民销姓，黍食，使四鸟：虎、豹、熊、罴。

——《山海经·大荒东经》

有白民之国。 ——《山海经·大荒西经》

白民国的人都姓销，他们的皮肤洁白如雪，平时披头散发。当地有一种神兽名叫乘黄，人们骑上它就能活到两千岁。

白民国人

乘 chéng 黄 huáng

【兽】
【白民国】

原文

有乘黄，其状如狐，其背上有角，乘之寿二千岁。

——《山海经·海外西经》

乘黄是一种神马，但长得像狐狸，背上有两角或三角，是祥瑞之兽。据说，骑上它的人可以活两千岁，甚至可以成仙。乘黄也叫“飞黄”“神黄”“腾黄”“訾黄”。“飞黄腾达”中的“飞黄”指的就是这种神马。

乘黄

肃 sù 慎 shèn 民 mín

【人】

【肃慎国·白民国北】

原文

肃慎之国在白民北，有树名曰雄常，先入代帝，于此取之。——《山海经·海外西经》

有肃慎氏之国。——《山海经·大荒北经》

肃慎国的国人被称为“肃慎民”，他们都住在山洞里。这个国家有一种树，名为“雄常”。据说肃慎民一般不穿衣服，一旦有帝王更替，就会剥下雄常树的树皮做衣服穿。冬天的时候，他们会在身上涂上一层厚厚的猪油以抵御严寒，所以“油腻”在这里并不含有贬义。他们力大无穷，擅长弯弓射箭，弓身足有四尺（约 133.33 厘米）长，箭头用青石制造。

肃慎民

传说

孔子在陈国时，有一只鹰死在了陈侯（陈惠公）的庭院里。它被一根楛（hù）箭射穿。此箭箭杆是楛木做的，箭头是石头做的，全长有一尺八寸（约60厘米）。陈惠公派人将鹰拿到孔子的住处询问，孔子说：

“这只鹰是从很远的地方飞来的啊！这支箭是由肃慎民制造的。

“从前，周武王灭商，打通了九国上百座城邑的道路，他令各方氏族将自己的特产拿来进贡，肃慎国送上的是楛箭和石砮（nǔ），箭长一尺八寸。周武王在箭尾处刻上‘肃慎国进贡之箭’的字样，并将箭送给了大女儿，后来大女儿婚嫁时又将其带到了陈国。

“古代帝王同姓送玉，异姓分贡品，于是这箭便分给了陈国。国君如果派人去寻，应该还能找到。”

于是陈惠公派人去寻找，果然在装金饰的木盒中发现了楛箭，正如孔子所云。

传说汉朝时肃慎国变成了挹娄国，其国人擅长养猪，都吃猪肉，穿猪皮制成的衣服。

楛矢石砮

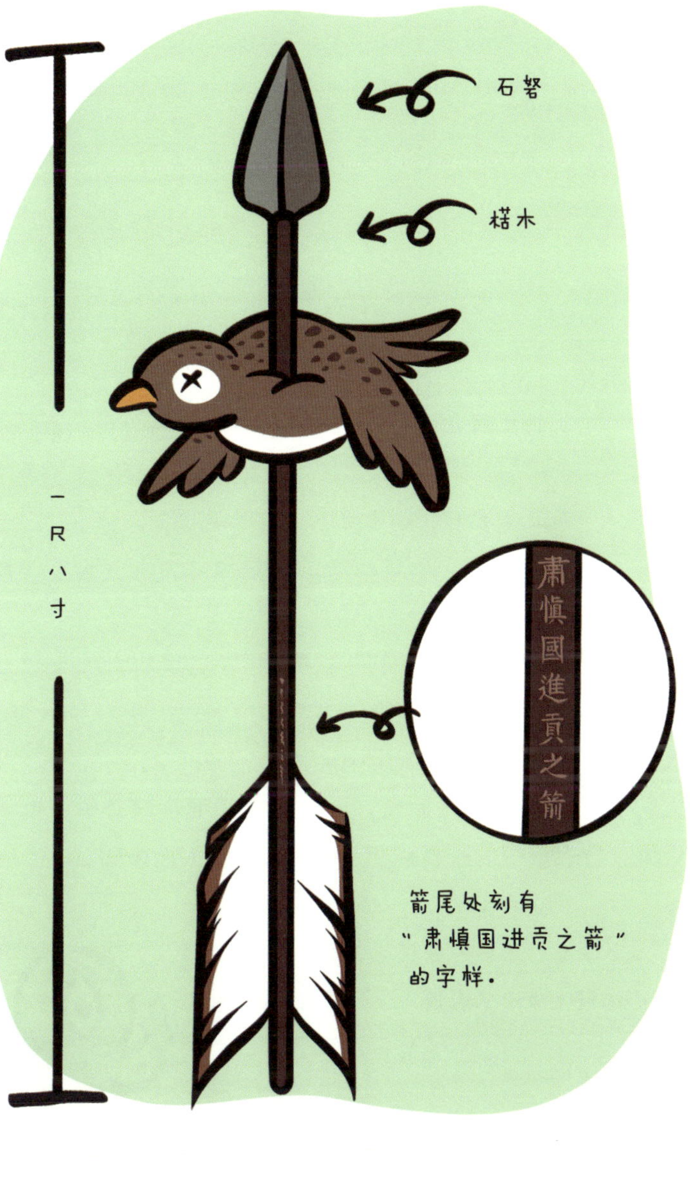

长股国人

cháng gǔ guó rén

【人】

【长股国·雄常北】

原文

长股之国在雄常北，被发。一曰长脚。

——《山海经·海外西经》

西北海之外，赤水之东，有长胫之国。

——《山海经·大荒西经》

长股国也叫“长胫国”“长脚国”，这里的人披头散发，腿长得出奇。长臂国人胳膊长两三丈（约 10 米），而长股国人是腿长三丈。这两国的国民经常配合在一起干活，长股国人背着长臂国人下海捕鱼，这样大家都不会湿身了。据说，后世杂技表演中的踩高跷便是模仿长股国人而来的。

“足长手长”的日本妖怪即源于《山海经》中的长股国人和长臂国人。

长股国人

无继民

无 wú
继 jì
民 mín

【人】
【无膂国·长股国东】

原文

无膂之国在长股东，为人无膂。

——《山海经·海外北经》

无膂国也叫“无启国”，这里的人被称为“无继民”。如果按“无膂”来说，这个国家的人应该都没有小腿肚子；另一说“无继民”的“无继”是指没有子孙后代。

据说这个国家的人生活在洞穴里，不分男女，而且都没有后代，他们主要靠吃空气或吃土为生，很贫穷。如果有人死亡，就会被埋在土里，但被埋葬之人的心脏不会腐烂，一百二十年后就会复活。

无继民

烛 zhú 阴 yīn

【神】

【钟山·无膂国东】

原文

钟山之神，名曰烛阴，视为昼，瞑为夜，吹为冬，呼为夏，不饮、不食、不息。息为风，身长千里。在无膂之东。其为物，人面、蛇身，赤色，居钟山下。

——《山海经·海外北经》

烛阴就是烛龙、烛九阴，是钟山（一说即昆仑山）之神，也是传说中的创世神。它长着人的脸，蛇的身体，全身赤红色，身长千里，盘踞在钟山脚下。据说，只要它睁开眼睛，天下便是白昼，闭上眼睛，天下就进入黑夜，眼睛一睁一闭，一天就过去了。它不需要饮食，也不需要呼吸。它一呼吸就会产生风，它吹一口气就成了冬天，呵一口气就成了夏天。

传说开天辟地的盘古龙头蛇身，嘘为风雨，吹为雷电，睁眼白昼，闭眼黑夜。此说虽与烛龙有相似之处，但应该是源于不同地域的不同神话传说。

烛阴

一目国人

yī mù guó rén

【人】

【一目国·钟山东】

原文

一目国在其东，一目中其面而居。一曰有手足。

——《山海经·海外北经》

鬼国在贰负之尸北，为物人面而一目。

——《山海经·海内北经》

有人一目，当面中生。一曰是威姓，少昊之子，食黍。

——《山海经·大荒北经》

一目国也叫“鬼国”，这里的人都姓威，是黄帝长子少昊的后代，以黄米为食。他们只有一只眼睛，长在脸的正中间，其他地方跟普通人没什么区别。

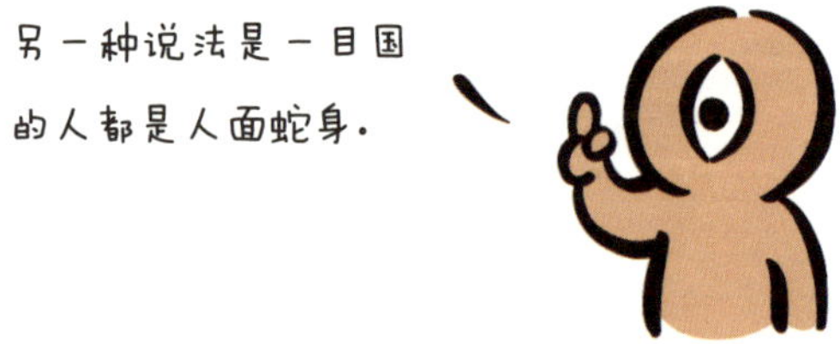

一目国人

柔 róu 利 lì 民 mín

【人】

【柔利国·一目国东】

原文

柔利国在一目东，为人一手一足，反膝，曲足居上。一云留利之国，人足反折。

——《山海经·海外北经》

有牛黎之国。——《山海经·大荒北经》

柔利国又称“牛黎国”“留利国”，这里的人被称为“柔利民”。柔利民只有一只手和一只脚。由于他们不长骨头，这里的人都是些“没有骨气”的家伙。他们的胳膊、腿都是反着长的，脚面朝上，就像被折了一样。

柔利民

深 shēn 目 mù 民 mín

【人】
【深目国·共工台东】

原文

深目国在其东，为人举一手一目。在共工台东。

——《山海经·海外北经》

有人方食鱼，名曰深目民之国，昐姓，食鱼。

——《山海经·大荒北经》

深目国的人都姓昐，被称为“深目民”。他们只有一只眼睛、一只手，眼眶深陷，长得像胡人，喜欢吃鱼。深目民常常莫名其妙地举起唯一的手，像跟人打招呼似的。

深目民

无肠国民

wú cháng guó mín

【人】
【无肠国·深目国东】

原文

无肠之国在深目东，其为人长而无肠。

——《山海经·海外北经》

又有无肠之国，是任姓。无继子，食鱼。

——《山海经·大荒北经》

无肠国在深目国的东边，这里的人都姓任，身材高大，但肚子是瘪的，腹中无肠，他们吃下的食物会畅通无阻地直接排出来。

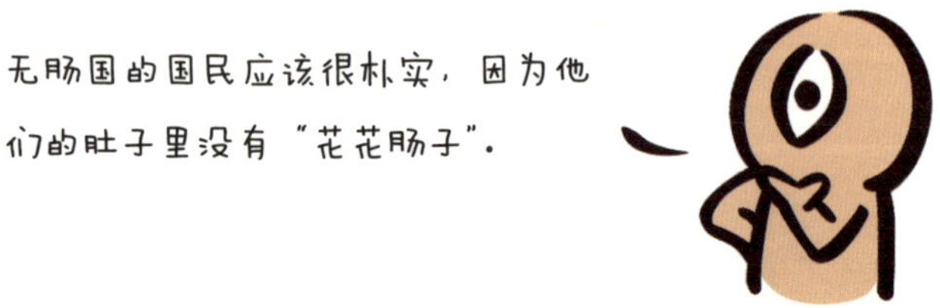

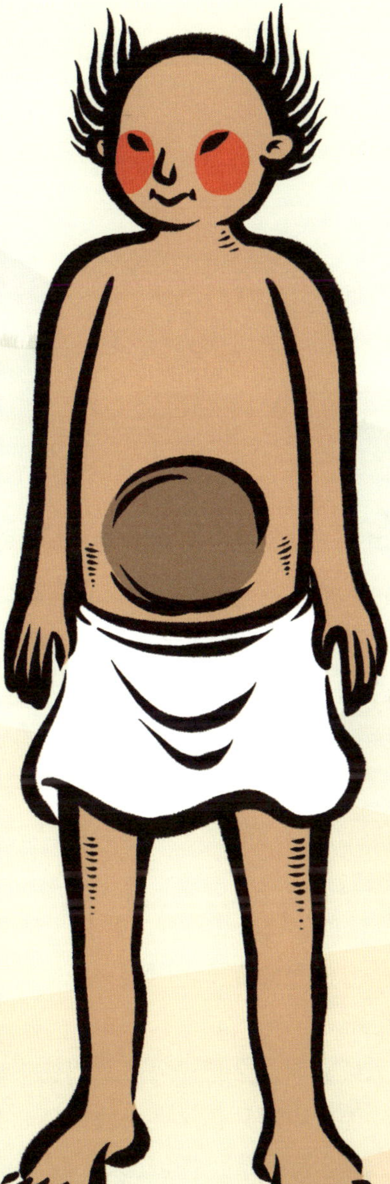

无肠国民

聂耳国人

niè ěr guó rén

【人】【聂耳国·无肠国东】

原文

聂耳之国在无肠国东，使两文虎，为人两手聂其耳。县居海水中，及水所出入奇物。两虎在其东。

——《山海经·海外北经》

有儋耳之国，任姓，禺号子，食谷。

——《山海经·大荒北经》

聂耳国在无肠国的东面，也叫儋耳国，这里的人也姓任，是东海海神的后代。聂耳国位于海中的孤岛上，海里经常冒出一些奇奇怪怪的生物。聂耳国人拥有一对长长的耳朵，耳垂长至胸前，很有福气的样子。因为耳朵太重，他们常常用双手托着耳垂走路。

据说聂耳国人睡觉时，会把一只耳朵当枕头，另一只耳朵当被子。他们还能使唤两只花纹虎，这两只老虎就在聂耳国的东边。清代小说《镜花缘》中也记录了聂耳国的故事。

聂耳国人

夸父国人

kuā fù guó rén

【人】【夸父国·聂耳国东】

原文

夸父与日逐走，入日。渴欲得饮，饮于河渭，河渭不足，北饮大泽。未至，道渴而死。弃其杖，化为邓林。博父*国在聂耳东，其为人大，右手操青蛇，左手操黄蛇。邓林在其东，二树木。一曰博父。

——《山海经·海外北经》

夸父国在聂耳国的东边。夸父也叫博父，所以夸父国也叫博父国。据说夸父是炎帝的后裔，在阪泉之战中，夸父被黄帝的应龙所杀。由夸父的后裔组成的国家就叫夸父国。

夸父国人身材高大，宛如巨人，他们右手操一条青蛇，左手持一条黄蛇。传说夸父逐日弃其杖，化作一片邓林。邓林就在夸父国的东方，虽说是一片广阔的森林，其实只是由两棵树组成的罢了。

* 注：应作夸父。

夸父国人

拘缨国人

拘 gōu 缨 yīng 国 guó 人 rén

【人】【拘缨国·夸父国东】

原文

拘缨之国在其东，一手把缨。一曰利缨之国。寻木长千里，在拘缨南，生河上西水。

——《山海经·海外北经》

拘缨国人脖子上都有一个大瘤子，他们走路的时候会用手托着脖子上的肉瘤，所以他们的国家被称为“拘缨国”，也叫“利缨国”。其中“缨”应作“瘿”，即脖子上的肉瘤。

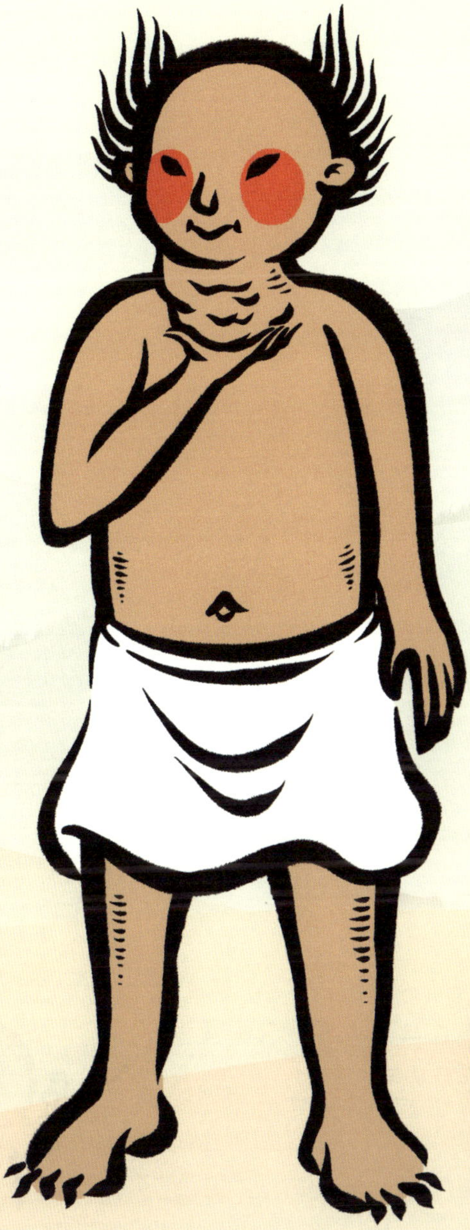

拘缨国人

跂踵民

qǐ zhǒng mín

【人】

【跂踵国·拘缨国东】

原文

跂踵国在拘缨东，其为人大，两足亦大。一曰大踵。

——《山海经·海外北经》

跂踵国的国民被称为“跂踵民”，他们走路的时候都会踮起脚，用脚指头走路。他们还会像麻雀一样用小跳步前进，所以叫跂踵、支踵。放到现在，跂踵民都是芭蕾舞演员。

一说这里的人两只脚巨大，
而且是反着长的。

跂踵民

大 dà 人 rén 国 guó 人 rén

【人】

【大人国·瑳丘北】

原文

大人国在其北，为人大，坐而削船。一曰在瑳（jiē）丘北。

——《山海经·海外东经》

有人名曰大人。有大人之国，釐姓，黍食。

——《山海经·大荒北经》

与周饶国（小人国）相反，大人国的人身材高大，能有十丈（约 33.33 米）高。这个国家的人都姓釐，以黄米为食。他们最擅长操控船只。据说海中还有一个大人国人交换物品的集市。

一说大人国的人需要怀胎三十六年才能生产，一生下来就是白头发，等长大后能腾云驾雾，但不会走路，属于龙类。

大人国人

君子国人

jūn zǐ guó rén

【人】

【君子国·奢比尸北】

原文

君子国在其北，衣冠带剑，食兽，使二大虎在旁，其人好让，不争。有薰华草，朝生夕死。一曰在肝榆之尸北。

——《山海经·海外东经》

有东口之山。有君子之国，其人衣冠带剑。

——《山海经·大荒东经》

君子国人都衣冠楚楚，腰间佩剑，他们以兽肉为食，身穿天然蚕丝制成的衣服，身边有两只带有花纹的老虎供他们差遣。君子国人都很礼貌，大家都互相谦让，不喜欢争抢，遇事讲道理，能动口绝不动手。君子国的土地有千里之广，这里还有一种草叫熏华草，也作“薰华草”，这种草早上生长，到晚上就死了。

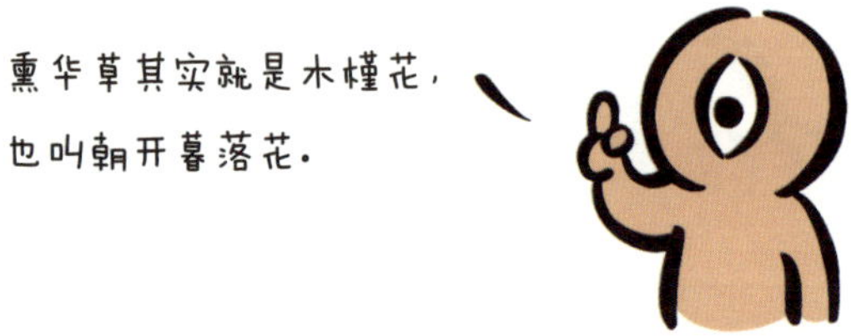

君子国人

黑 hēi 齿 chǐ 国 guó 人 rén

【人】

【黑齿国·竖亥北】

原文

黑齿国在其北，为人黑，食稻啖蛇，一赤一青，在其旁。一曰在竖亥北，为人黑首，食稻使蛇，其一蛇赤。

——《山海经·海外东经》

有黑齿之国。帝俊生黑齿，姜姓，黍食，使四鸟。

——《山海经·大荒东经》

黑齿国，顾名思义，这里的国民牙齿都是黑色的。黑齿国人是帝俊的后裔，姓姜，他们吃稻米，也吃蛇，能够操纵四种野兽。黑齿国人常常与两条蛇为伴，一条青蛇，一条红蛇。

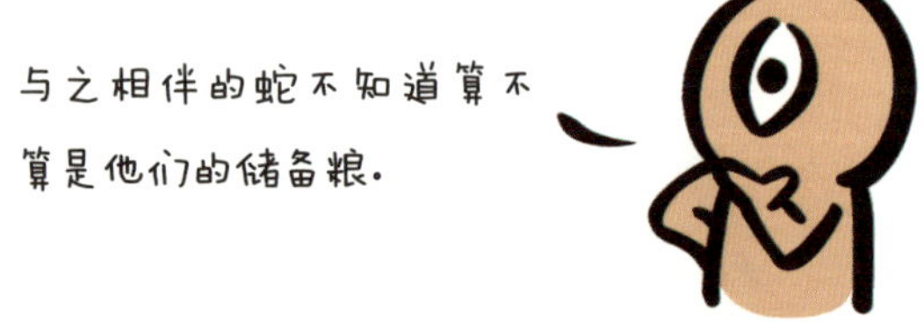

黑齿国人

雨 yǔ 师 shī 妾 qiè

【人】

【雨师妾·汤谷北】

原文

雨师妾在其北，其为人黑，两手各操一蛇，左耳有青蛇，右耳有赤蛇。一曰在十日北，为人黑身人面，各操一龟。

——《山海经·海外东经》

雨师妾是一个国家，这里的人全身是黑色的，双手各抓着一条蛇，也有说抓的是乌龟。他们双耳上也各挂着一条蛇，左耳挂着青蛇，右耳挂着赤蛇，大概是最早的耳饰。

雨师妾

玄股国人

玄 xuán 股 gǔ 国 guó 人 rén

【人】【玄股国·雨师妾北】【招摇山】

原文

玄股之国在其北，其为人衣鱼食鸥。使两鸟夹之。一曰在雨师妾北。 ——《山海经·海外东经》

有招摇山，融水出焉。有国曰玄股，黍食，使四鸟。

——《山海经·大荒东经》

玄股国位于大海中，这里的人腿是黑色的，就像穿了黑色丝袜一样。他们穿着鱼皮做的衣服，以海鸥为食，也吃粮食，身边还常常伴着两只鸟供他们使唤。

一说玄股国在招摇山融水中。

（见《大荒东经》）

玄股国人

毛民国人

máo mín guó rén

【人】
【毛民国·玄股国北】

原文

毛民之国在其北，为人身生毛。一曰在玄股北。

——《山海经·海外东经》

有毛民之国，依姓，食黍，使四鸟。禹生均国，均国生役采，役采生脩鞈，脩鞈杀绰人。帝念之，潜为之国，是此毛民。

——《山海经·大荒北经》

毛民国人浑身长着箭镞一样的毛，所以他们组成的国家叫毛民国。毛民国人都姓依，是黄帝的后裔，他们住在洞穴里，不穿衣服，吃黄米，能够驱使四种野兽。

毛民国人

传说

西晋永嘉四年（310）时，吴郡有一位名为戴逢的司盐都尉，他在海边找到了一条船，船上有男女共四人，身上都长满了毛。由于语言不通，戴逢打算把他们送到丞相府，但在路上就死了三个人，只剩一名男子还活着。官府的人给这个男人赐了一位妻子，他们生养了一个儿子。时间过了很久，他逐渐学会了当地的语言，于是他告诉其他人，他原来是毛民国人。

"四鸟"究竟是什么

在《山海经》中，白民国、毛民国、玄股国、黑齿国、三身国等都有"使四鸟"的记载，意思是这里的人有驱使四种野兽的能力。这四种野兽指的是虎、豹、熊、罴。

劳 láo 民 mín

【人】

【劳民国·毛民国北】

原文

劳民国在其北，其为人黑，或曰教民。一曰在毛民北，为人面目手足尽黑。——《山海经·海外东经》

劳民国的人被称为劳民或教民，他们全身都是黑色的，吃野果和草的种子。

劳民

孽摇颗羝
扶木
汤谷
姑射山
陵鱼
遗玉

海内经

枭阳国人

xiāo yáng guó rén

【人】【枭阳国·北朐国西】

原文

枭阳国在北朐之西，其为人人面长唇，黑身有毛，反踵，见人笑亦笑，左手操管。

——《山海经·海内南经》

南方有赣巨人，人面长臂，黑身有毛，反踵，见人笑亦笑，唇蔽其面，因即逃也。——《山海经·海内经》

枭阳也作枭羊、噪（jiāo）阳，枭阳国人也被称为赣巨人，他们浑身的皮肤都是黑色，还长着黑毛，左手拿着一节竹管。他们的嘴很大，唇很长，脚是反着长的，一见到人就会笑，笑起来嘴唇会遮住整张脸。

据说，枭阳国人喜欢吃人，但害怕火焰和爆竹的声音。

枭阳国人

传说

枭阳国人不但不怕人，还喜欢抓人吃。当他们抓到人之后，会将嘴唇翻到脑门上，张嘴大笑，笑够了才把人吃掉。后来，人们找到了制伏枭阳国人的方法：事先将竹筒套在手上，这样，当枭阳国人抓到人之后哈哈大笑时，人们就把手从竹筒里抽出来，拿出刀具将枭阳国人的嘴唇牢牢地钉在他们自己的额头上，他们便会乖乖地束手就擒了。

制伏枭阳国人的方法

①手臂套上竹筒。

②被抓住时迅速
将手从竹筒里抽出。

③拿出工具钉住
枭阳国人的嘴唇。

④枭阳国人便会
乖乖地束手就擒了。

氐人

dǐ rén

【人】

【氐人国·建木西】

原文

氐人国在建木西，其为人，人面而鱼身，无足。

——《山海经·海内南经》

有互人之国。炎帝之孙名曰灵恝，灵恝生互人，是能上下于天。

——《山海经·大荒西经》

氐人国也叫互人国，其国人是炎帝的后裔。氐人都是人面鱼身，胸部以上是人，胸部以下是鱼。他们虽然没有脚，但是能往来于天界和人间。

氐人

巴蛇 bā shé

【蛇】

【犀牛西】

原文

巴蛇食象，三岁而出其骨，君子服之，无心腹之疾。其为蛇，青黄赤黑。一曰黑蛇青首，在犀牛西。

——《山海经·海内南经》

巴蛇也叫“脩蛇”“象蛇”“灵蛇”，这种蛇体形巨大，身上呈黑色、黄色、红色、青色，五彩斑斓，花里胡哨。巴蛇可以吃掉大象，但需要消化三年才能将象骨排泄出来，典型的“三年不开张，开张吃三年”。据说，君子吃了巴蛇的肉就可以治好心病。

巴蛇

传说

在洞庭湖中，有一条巨蟒叫作“巴蛇”，黑色的身子，青色的脑袋，为害一方。后来后羿来到了这里，当地的人们恳请后羿帮他们除掉巴蛇。经过一番激烈的斗争，后羿终于斩杀了它。当地百姓将巴蛇的肉带回家煮了吃，蛇骨堆到一起，形成了一座山陵。人们就把这骨头山叫巴陵，又叫巴丘。

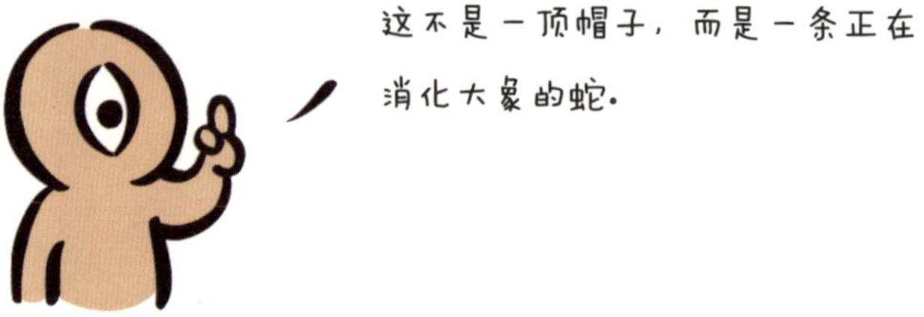

巴蛇吞象总共分几步

开明兽

kāi míng shòu

【兽】

【昆仑山】

原文

昆仑南渊，深三百仞。开明兽身大类虎而九首，皆人面，东向立昆仑上。——《山海经·海内西经》

开明兽是昆仑山上黄帝帝都的守卫，它长得像老虎，有九个脑袋，长着人的脸庞。传说，帝都宫殿的正门面朝东方，名叫开明门，此兽便是这道门的看守，所以它就叫“开明兽”。

开明兽

犬 quǎn 封 fēng 国 guó 人 rén

【人】【犬封国·大行伯东】

原文

犬封国，曰犬戎国，状如犬。有一女子，方跪进柸食。——《山海经·海内北经》

大荒之中，有山名曰融父山，顺水入焉。有人名曰犬戎。黄帝生苗龙，苗龙生融吾，融吾生弄明，弄明生白犬，白犬有牝牡，是为犬戎，肉食。

——《山海经·大荒北经》

有犬戎国。有神，人面兽身，名曰犬戎。

——《山海经·大荒北经》

犬封国也叫犬戎国、狗国，这里的男子长得像狗，女子是美女，他们是黄帝的后裔。这个国家还盛产一种叫吉量的神马，据说骑上它可以活到上千岁。

犬封国人

传说

高辛王有一条狗，身上有五彩的皮毛，名叫盘瓠。昔日高辛王要杀戎王，招募天下能人，承诺事成赐千金，还要将女儿嫁与他。告示刚贴不久，盘瓠竟然衔着戎王的脑袋送到王宫。高辛王大喜，想要赏赐它，但盘瓠是个畜生，无法赏赐它金银、美女，高辛王一时犯了难。这时公主进言，既然下了王命就不可违背。

后来，公主嫁给了盘瓠，盘瓠带着公主离开王宫，去了南山生活。三年后，他们生下六男六女，这些孩子后来互相结为夫妻，建立了犬封国，所以这里的男子都还是狗的样子，女子却都是美女。

奇肱国人骑的吉量也许就是从这里进口的。

犬封国的由来

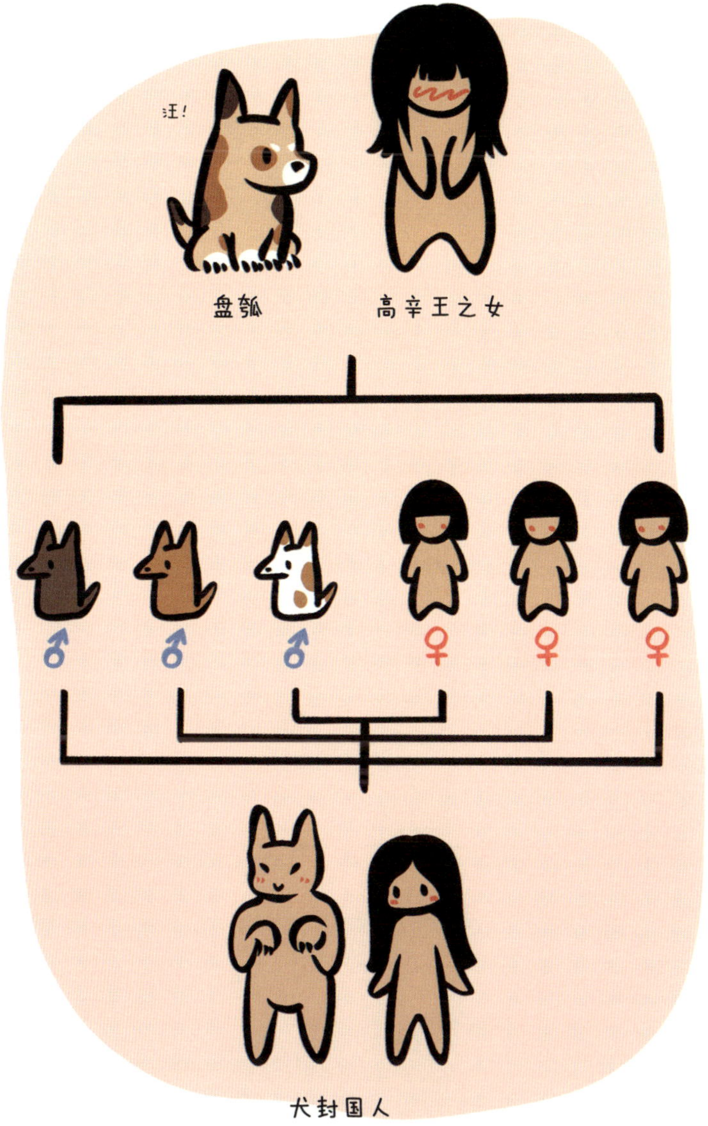

吉量 jí liáng

【兽】
【犬封国】

原文

有文马，缟身朱鬣，目若黄金，名曰吉量，乘之寿千岁。 ——《山海经·海内北经》

吉量是一种马，它毛色纯白，鬃毛却是红色的，尾巴像鸡尾。它有一双漂亮的金色眸子，也叫“吉良”“吉光”“鸡斯之乘”。据说骑上这种马可以活到上千岁。如果把用它的皮毛做成的裘扔到水里，几天都不会下沉，扔进火里也不会被烧焦。成语“吉光片羽”说的就是这种神兽身上珍贵的一片毛。

吉量

传说

商周时期，相传商纣王将文王囚禁于羑（yǒu）里，散宜生用千金求购天下珍奇——驺吾、鸡斯之乘、玄玉百工、大贝百朋、玄豹、黄罴、青豻、白虎文皮千合，献给纣王，以解周文王之困。其中“鸡斯之乘”就是犬戎国的神马吉量。

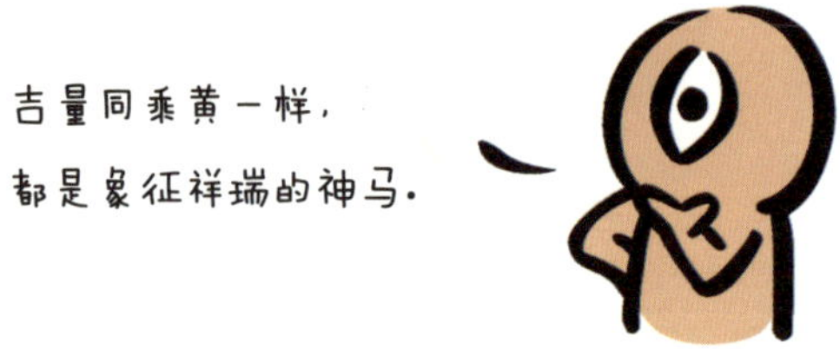

散宜生所求之天下珍奇

蟜 jiǎo

【人】
【蟜国·穷奇东】

原文

蟜，其为人虎文，胫有脊，在穷奇东。一曰状如人，昆仑虚北所有。——《山海经·海内北经》

蟜国人身上长着老虎一样的花纹，他们小腿肚子上的肌肉很发达，他们脚上长有腨肠。也有说蟜国人长得跟普通人没什么区别。

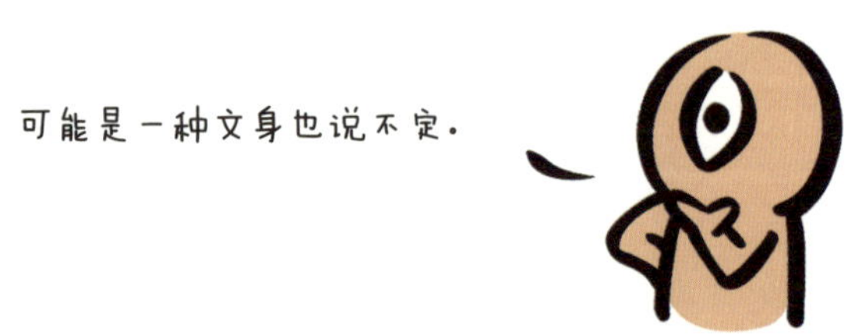

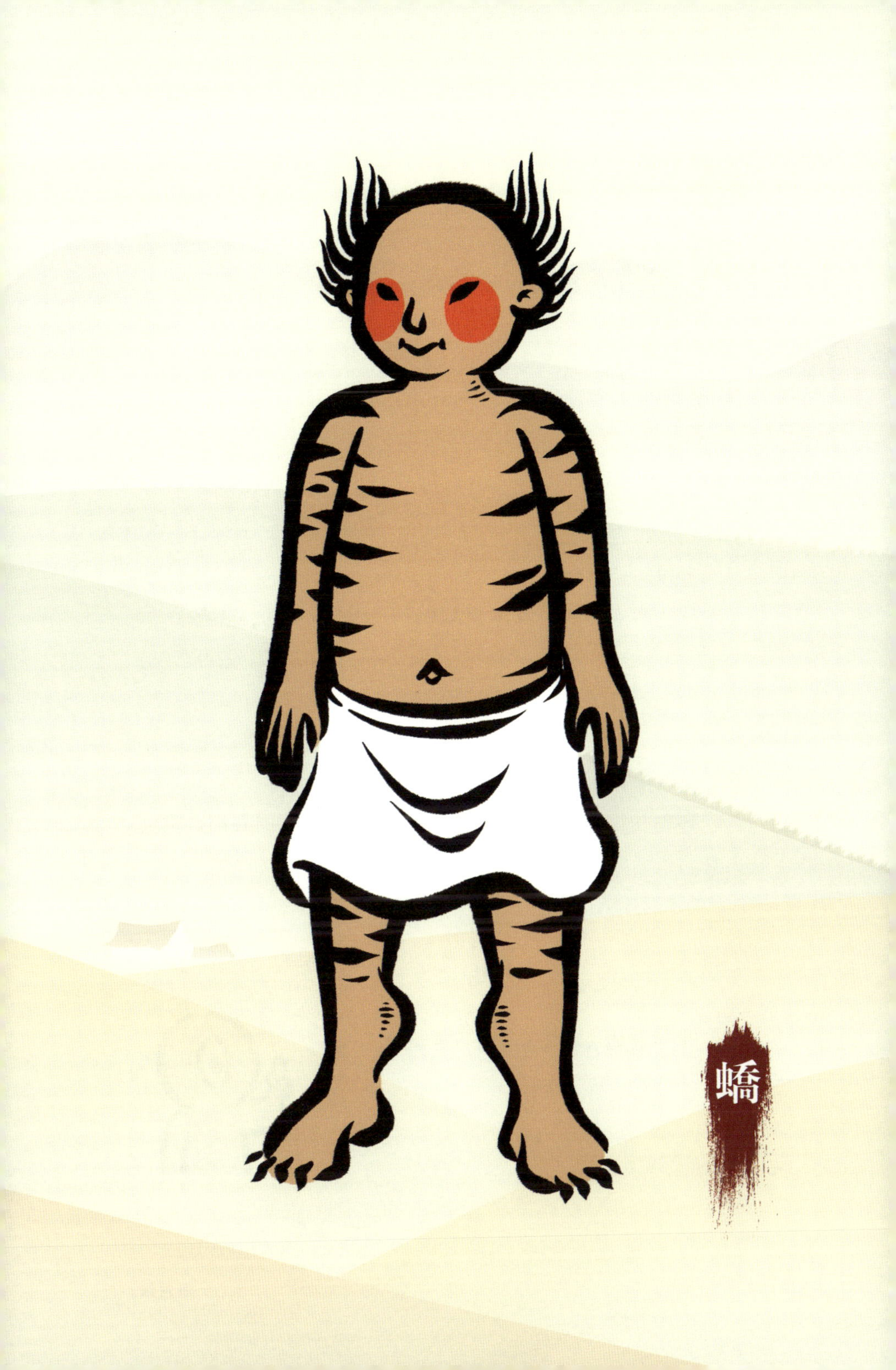
蟜

环 huán 狗 gǒu

【人】
【环狗国】

原文

环狗，其为人兽首人身。一曰猬状如狗，黄色。

——《山海经·海内北经》

环狗长得像黄狗，与犬封国人不同，环狗国人都是狗头人身。

环狗

袜 mèi

【兽】

原文

袜，其为物人身，黑首从目。

——《山海经·海内北经》

“袜”即“魅”，是一种鬼魅，不知道究竟属于哪种生物。它长着人的身体，脸是黑色的，眼睛竖着长，像两只极致的吊睛。

袜

戎 róng

【人】

原文

戎，其为人人首三角。 ——《山海经·海内北经》

戎是一个古代族群，其人外形跟普通人差不多，不过他们的头上长着三只角。

另外一种说法是戎人的头是三角形的，真是个让人削尖了脑袋往里钻的国家。

戌

驺 zōu 吾 wú

【兽】【林氏国】

原文

林氏国有珍兽，大若虎，五采毕具，尾长于身，名曰驺吾，乘之日行千里。——《山海经·海内北经》

驺吾也叫“驺虞”，是一种圣兽，也是仁德忠义之兽。它长得像老虎，身上有五彩斑斓的皮毛，尾巴比身子还长。这种神兽不吃活物，只吃死掉的尸体，也不去踩花花草草。只要它一吼便可刮起大风。骑上它还可以日行千里。据说它只会出现在有德行的君王面前，是林氏国所特有的珍稀神兽。传说，散宜生为救文王而求购天下珍奇，其中就有驺吾。

驺吾

陵 líng 鱼 yú

【鱼】【姑射山】

原文

陵鱼，人面、手、足，鱼身，在海中。

——《山海经·海内北经》

陵鱼也是一种人鱼，又作“鲮鱼”，它长着人脸、人手和人脚，但却有着鱼的身体。陵鱼生活在海中，只要它一出现，海面就会出现风浪。

《山海经》中记录的人鱼均与《搜神记》中记录的南海鲛人有所不同，吃了不会长生不老，也不会对月流珠。

陵鱼

若木
附禺山
灰野山
璿瑰
鱼妇
戎宣王尸
肃慎国
琴虫
蜮
蜮山

大荒经

小 xiǎo 人 rén 国 guó 人 rén

【人】

【小人国·波谷山】

原文

有小人国，名靖人。——《山海经·大荒东经》

有小人，名曰菌人。——《山海经·大荒南经》

小人国人也叫靖人、诤人、竫人。靖，为细小之意。据说靖人身高只有九寸（30 厘米），位于东北方。

一说"靖人""周饶""僬侥""侏儒"都是同音转化。另外还有一种小人国人名为"菌人"。

小人国人

三足乌 sān zú wū

【鸟】
【汤谷】

原文

汤谷上有扶木，一日方至，一日方出，皆载于乌。

——《山海经·大荒东经》

三足乌是象征太阳的神鸟，也叫“踆乌”“金乌”“赤乌”，它是日之精所化，住在太阳上。与三青鸟一样，三足乌是西王母的使鸟，日本神话传说中的三足乌即源于此。

三足乌

传说

帝俊与妻子羲和生下了十个太阳，三足乌总共有十只，正对应十日。十个太阳每天轮流值班，一个从东方的扶桑树上升起，另外九个太阳则藏在树枝下。每当新一天开始的时候，三足乌便会背着太阳出来，接替另一个太阳，这便是“金乌负日”，堪称最早的“值日生”。

每当破晓，三足乌鸣叫的时候，天下的雄鸡也都会应声啼叫。据记载，帝尧时期的某一天，十个太阳居然同时升起，天下大旱，后来后羿奉命射下了九个太阳，只剩一个，三足乌也仅剩一只了。

战国时期与秦朝的铜镜上有三乌环日图，汉代画像砖“羿射九日”中栖息在扶桑神树上的也是三足金乌。一说三足乌就是三青乌。

三足乌的工作

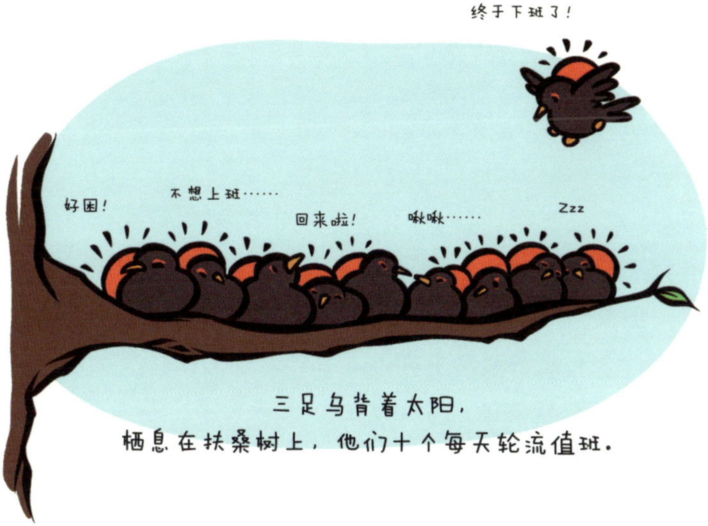

三足乌背着太阳，
栖息在扶桑树上，他们十个每天轮流值班。

三足乌会在新的一天背着太阳出来，
接替另一个回归的太阳，这便是“金乌负日”。

应 yìng
龙 lóng

【兽】
【凶犁土丘】

原文

大荒东北隅中有山，名曰凶犁土丘。应龙处南极，杀蚩尤与夸父，不得复上。故下数旱，旱而为应龙之状，乃得大雨。——《山海经·大荒东经》

蚩尤作兵伐黄帝，黄帝乃令应龙攻之冀州之野。应龙畜水。蚩尤请风伯雨师，纵大风雨。黄帝乃下天女曰魃，雨止，遂杀蚩尤。——《山海经·大荒北经》

有翅膀的龙被称为应龙，它是黄帝的神龙，也叫“黄龙”“飞龙”，擅长行雨。另外，有鳞的龙叫蛟龙，有角的龙叫虬（qiú）龙，无角的龙叫螭（chī）龙。

相传，虺（huǐ）五百年化为蛟，蛟千年化为龙，龙五百年化为角龙，角龙千年化为应龙。应龙生下了凤凰、麒麟，而凤凰生一切禽鸟，麒麟生一切走兽。据说盘古也是从应龙的龙蛋中孵化出来的，所以应龙也被称为创世造物的“祖龙”。

应龙

传说

黄帝在涿鹿之野与蚩尤大战，请来应龙助战。应龙为黄帝杀掉了蚩尤和夸父，因此无法再回到天界。它后来去了南方，所以南方多雨水。由于天上没了应龙行雨，很多地方连年遭遇旱灾，人们便扮起应龙的样子来求雨，并经常会祈求成功。

大禹治水时，黄龙曳尾于前，玄龟负青泥于后，开路的黄龙正是应龙。

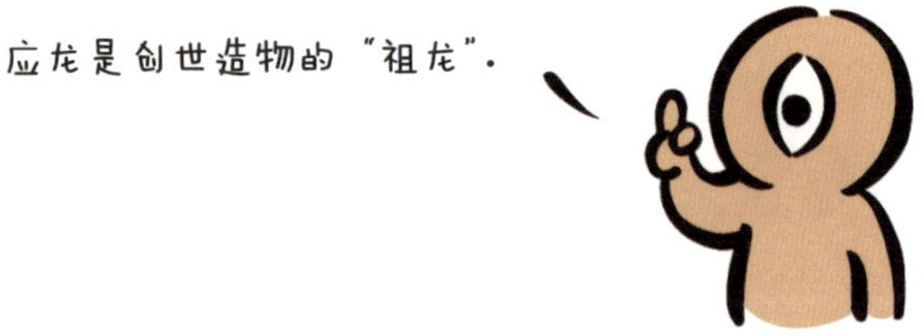

龙的进化

夔 kuí

【兽】
【流波山】

原文

东海中有流波山，入海七千里。其上有兽，状如牛，苍身而无角，一足，出入水则必风雨，其光如日月，其声如雷，其名曰夔。黄帝得之，以其皮为鼓，橛（jué）以雷兽之骨，声闻五百里，以威天下。

——《山海经·大荒东经》

夔长得像牛而头上无角，身体苍灰色，只有一条腿。据说它跃入海中一定会有风雨相伴，周身还散发日月光辉。夔的声音像打雷一样，它属于一种上古灵兽。

夔

传说

黄帝用夔的皮做鼓，用雷兽的骨头做鼓槌，发出的鼓声可以传五百里远。相传，在黄帝与蚩尤的大战中，玄女为黄帝制作了八十面夔皮大鼓，一面传音五百里，八十面大鼓同声震响，全体将士同仇敌忾，大破敌军。不过蚩尤的头犹如铜铁一般坚硬，可以飞上天空，黄帝九次敲击夔鼓才使蚩尤无法飞行，最终杀死他。

夔的三大特征

①出入海时一定
伴有风雨.

②身上散发着
日月般的光辉.

③发出的叫声
像打雷一样.

跊踢

chù

tī

【兽】

【赤水西、流沙东】

原文

南海之外，赤水之西，流沙之东，有兽，左右有首，名曰跊踢。——《山海经·大荒南经》

类似并封的双头动物。并封双头是一前一后，而跊踢是一个身体上一左一右长着两个脑袋。

跊踼

玄蛇 xuánshé
麈 zhǔ
黄鸟 huángniǎo

【黑水】【荣山】【巫山】

原文

有荣山，荣水出焉。黑水之南有玄蛇，食麈。有巫山者，西有黄鸟。帝药，八斋。黄鸟于巫山，司此玄蛇。

——《山海经·大荒南经》

玄蛇也叫元蛇，是一种黑色的巨蛇。

麈长得像鹿却比普通的鹿大。

巫山中生长着天神的不死仙药，黄鸟便是巫山中看守仙药的神鸟。

麈喜欢吃山中药草，玄蛇一向以麈为食，但有的时候玄蛇也会偷天帝的不死仙药吃，而黄鸟正是玄蛇的克星，它监督玄蛇，防止它偷吃仙药。

黄鸟
玄蛇
麈

卵民国人

luǎn mín guó rén

【人】
【卵民国·成山】

原文

有卵民之国，其民皆生卵。

——《山海经·大荒南经》

顾名思义，卵民国人都会生蛋，他们都是从蛋里孵化出来的。

卵民国人

盈 yíng 民 mín 国 guó 人 rén

【人】【盈民国·大荒之中】

原文

有盈民之国，於姓，黍食。又有人方食木叶。

——《山海经·大荒南经》

盈民国人都姓於，他们以黄米为食，还会吃某种树叶。据说吃了那种树叶，人就可以成仙。

盈民国人

蜮 yù 人 rén

【人】

【蜮民国·蜮山】

原文

有蜮山者，有蜮民之国，桑姓，食黍，射蜮是食。有人方扜（yū）弓射黄蛇，名曰蜮人。

——《山海经·大荒南经》

蜮人都姓桑，他们吃黄米，也会捕杀一种叫“蜮”的虫子来吃。除此之外，当地人还擅长用箭，他们经常用箭射杀黄蛇。

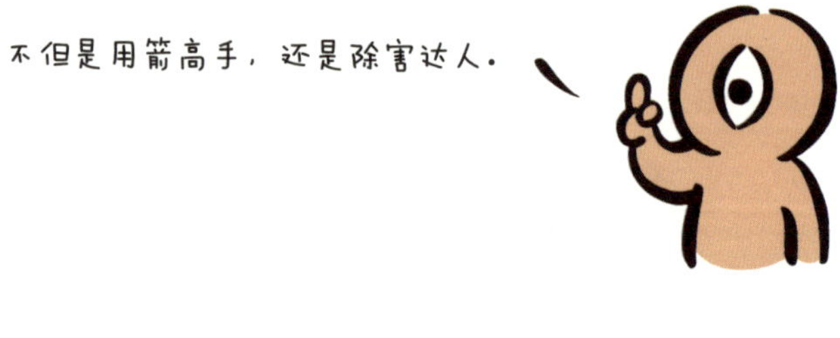

蜮人

蜮 yù

【虫】【蜮山】

原文

有蜮山者，有蜮民之国，桑姓，食黍，射蜮是食。有人方扜弓射黄蛇，名曰蜮人。

——《山海经·大荒南经》

“蜮”也叫“短狐”“射工虫”“水弩”“射影”，是一种毒虫。它长得像鳖，有三只脚，长一两寸（3.33～6.66厘米），嘴里含着沙子。蜮常常隐藏在水中，当人站在岸边，倒影投入水中时，蜮就会喷射口中的沙子害人。据说，被沙子射中的患处会生疮，严重的甚至还会致死，就算只是射中了人的影子人也会生病，这也是成语“含沙射影”的由来。

蜮

沃 wò 民 mín

【人】
【沃民国】

原文

西有王母之山、壑山、海山。有沃之国，沃民是处。沃之野，凤鸟之卵是食，甘露是饮。凡其所欲，其味尽存。

——《山海经·大荒西经》

沃民生活在沃民国，他们以凤鸟的卵为食，以甘露为饮。据说，任何滋味都能在凤卵和甘露里尝得到。这个国家还有很多珍奇动植物，矿产也十分丰富。鸾鸟和凤鸟在这里自由歌舞，百兽和睦相处，因此这个地方被称为“沃野”，即肥沃的田野。

沃民

寿 shòu 麻 má 国 guó 人 rén

原文

有寿麻之国。南岳娶州山女，名曰女虔。女虔生季格，季格生寿麻。寿麻正立无景，疾呼无响。爰有大暑，不可以往。——《山海经·大荒西经》

寿麻国炎热至极，也没有水源，普通人没有乐意去那里的。寿麻国人的特点是大家都没有影子。寿麻国是由一个叫寿麻的人建立的，他是南岳的后裔。据说寿麻站在太阳下没有影子，人们大声呼喊，他也听不到声音。

寿麻国人

鱼 yú 妇 fù

原文

有鱼偏枯，名曰鱼妇。颛顼死即复苏。风道北来，天乃大水泉，蛇乃化为鱼，是谓鱼妇。颛顼死即复苏。

——《山海经·大荒西经》

鱼妇，一半是人的身体，一半是鱼的身体，不过不是上半身和下半身，而是左半身和右半身，据说它是黄帝之孙颛顼死而复生后变成的诡异生物。

鱼妇

传说

当北方刮起大风，泉水得风而溢出的时候，蛇就会化为鱼。死去的颛顼便借此机会依附在正在化鱼的蛇身上，实现重生。然而此时蛇鱼尚未完全化成，所以他就变成了一种半鱼半人的怪物，名为鱼妇。

半人半鱼

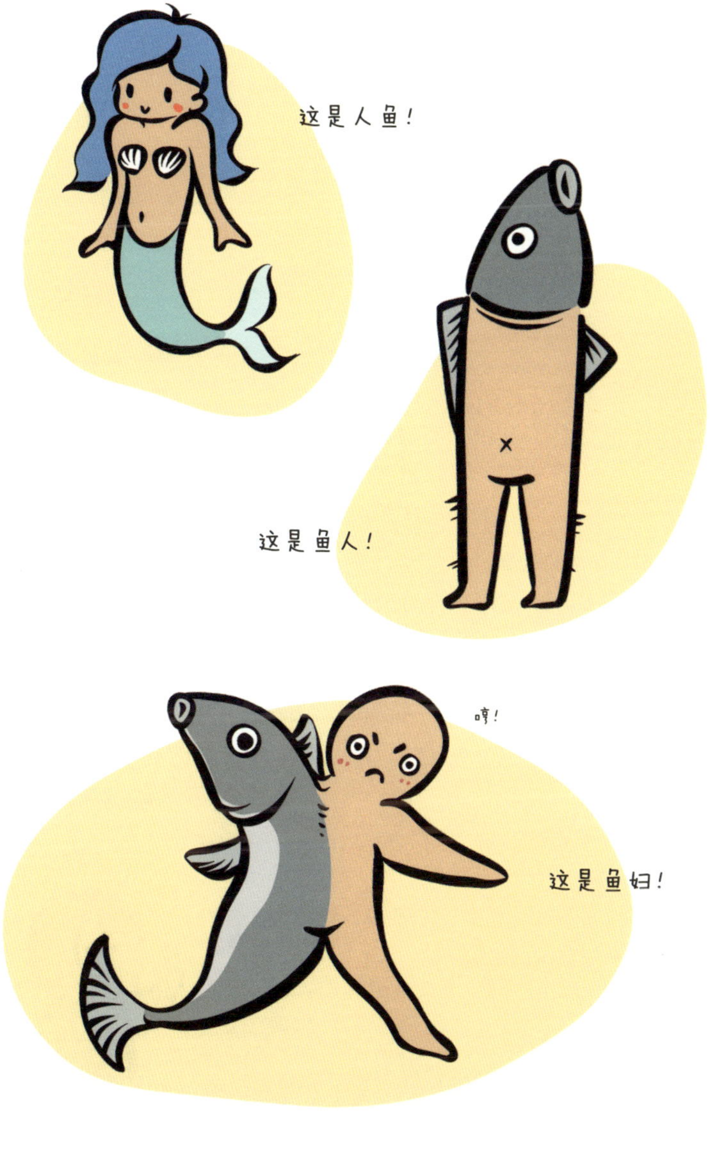

鸀 chù 鸟 niǎo

【鸟】
【互人国】

原文

有青鸟，身黄、赤足、六首，名曰鸀鸟。

——《山海经·大荒西经》

互人国中的一种怪鸟，比乌鸦小一些。它有着黄色的身体、红色的鸟喙和脚爪，长着六个脑袋。据说，这种鸟很爱惜自己的羽毛，形单影只的鸀鸟常常对着水中的倒影寂寞地悲鸣。

鸀鸟

琴 qín 虫 chóng

【蛇】
【肃慎国】

原文

有虫，兽首蛇身，名曰琴虫。

——《山海经·大荒北经》

琴虫是产于肃慎国中的一种怪蛇，它有着兽一样的脑袋和蛇的身躯。据说南方人会把蛇称为“虫”，现在北方很多地区的俗语中也有将蛇叫作“长虫”的，并不是长长的虫子的意思。

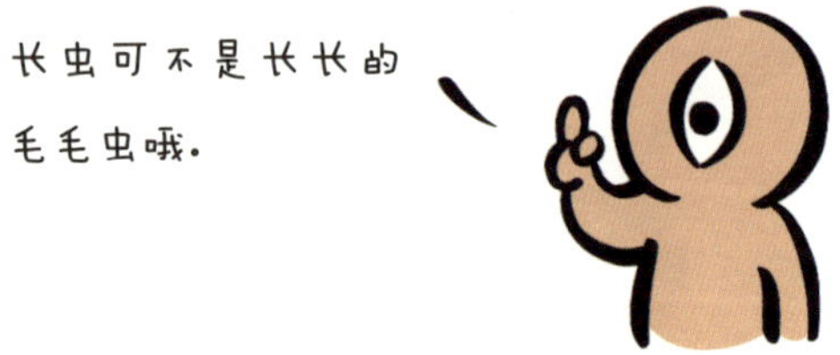

琴虫

戎宣王尸

戎 róng 宣 xuān 王 wáng 尸 shī

【兽】
【融父山】

原文

有赤兽，马状无首，名曰戎宣王尸。

——《山海经·大荒北经》

戎宣王尸顾名思义，是戎宣王被杀死后的尸体。虽然戎宣王身体已死，但灵魂不灭，他以怪物的形态继续活动。他的样子很奇怪，长得像马，全身赤红，却没有头。

戎宣王尸

甘柤
鸟氏
钉灵国人
赢民
玉
丹臒

海内经

鸟 niǎo 氏 shì

【人】
【盐长国】

原文

有盐长之国。有人焉，鸟首，名曰鸟氏。

——《山海经·海内经》

鸟氏是东方的一个古老部族，鸟氏人都长着鸟的脑袋和人的身体。

鸟氏

黑 hēi 人 rén

【人】【南海南】

原文

又有黑人，虎首鸟足，两手持蛇，方啖之。

——《山海经·海内经》

黑人可能来自南方一个古代部族，虽然名为黑人，但也不是很黑。他们长有虎一样的脑袋，脚像鸡爪子。黑人主要以蛇为食。

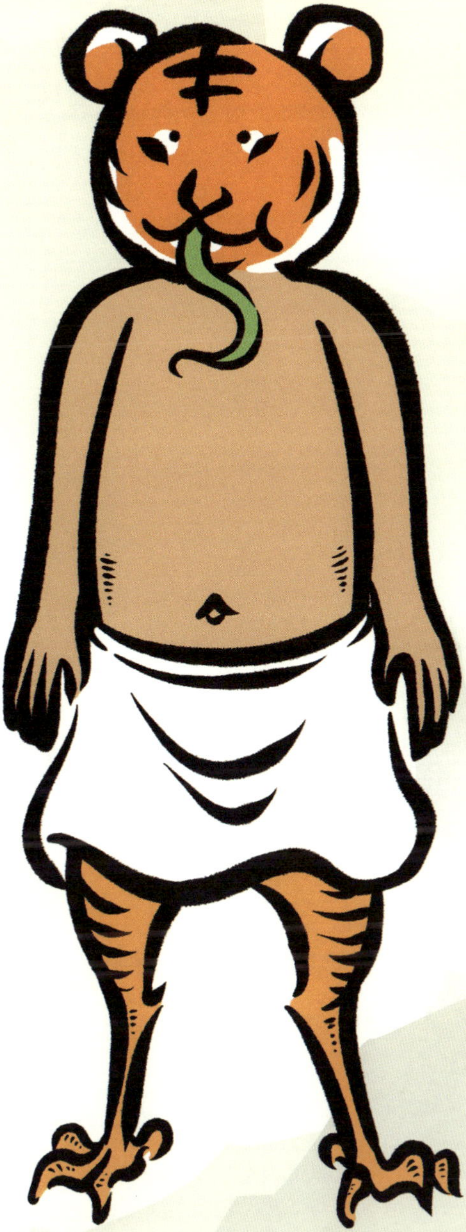

黑人

嬴民 yíng mín

【人】

【南海南】

原文

有嬴民，鸟足。——《山海经·海内经》

嬴民也叫摇民，他们是舜的后代，脚长得像鸟爪。据说他们是秦人的祖先。

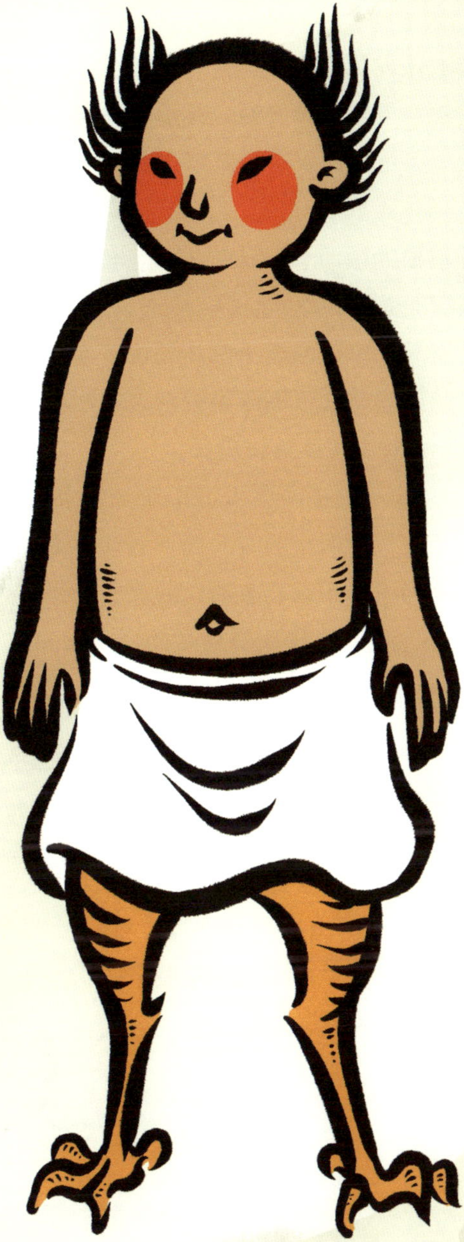

嬴民

传说

商朝第七任国君名为王亥，为促进经济发展，国人常用牛车拉运货物，与外族做交易，开创了商业贸易的先河。一次王亥与其弟弟王恒商议，一起将牛羊赶往北方与有易氏部落交易。

在水神河伯的帮助下，兄弟二人顺利地渡过了黄河。有易氏的首领绵臣盛情款待了他们。在有易氏部落的这段时间，王亥竟然与有易氏首领的妻子两情相悦。不久，这件事情被绵臣得知，绵臣盛怒之下下令将王亥大卸八块，并没收了他所有的牛羊，还将王恒驱逐出境。

王恒回国后，把这件事告诉了王亥的儿子上甲微，上甲微立即起兵复仇。弱小的有易氏不敌商朝强兵，很快就灭亡了。然而水神河伯不忍心有易氏族灭，偷偷将有易氏的遗孤送到了别处，他们化作人身鸟足的样子，建立了摇（嬴）民国。

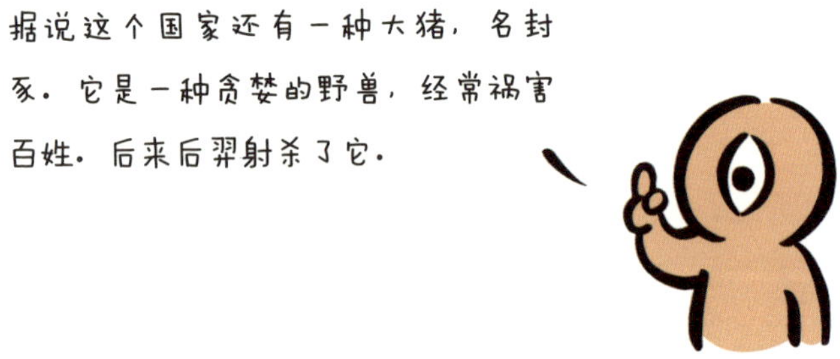

羸民国

相传，河伯不忍有易氏族灭，
将遗孤们送到一处遍地野兽的地方
并教会了他们捕猎。

后来他们变成了人身鸟足的样子并以野兽为食，
建立了羸民国。

赤 chì 胫 jìng 民 mín

【人】【北海内】

原文

有赤胫之民。——《山海经·海内经》

赤胫民的膝盖以下都是红色的，像刚泡完脚一样。

赤胫民

钉 dīng 灵 líng 国 guó 人 rén

【人】

【钉灵国·北海内】

原文

有钉灵之国，其民从膝以下有毛，马蹄，善走。

——《山海经·海内经》

钉灵国也作丁灵国、丁零国、丁令国或马胫国。这个国家的人膝盖以上是人的身体，膝盖以下是马蹄，说话声音像鸟叫。他们不需要骑马，只要往自己的马腿上抽两鞭子就可以跑得跟马一样快。

据说，钉灵国人一天能跑上三百里，按照现在的长度单位换算，可能相当于3.55个马拉松了。

钉灵国人

编后记：
和《山海经》里的大怪兽们一起游山海

《山海经》是我国的一部奇幻巨著，记载了包罗万象的远古传说，使它充满了神秘莫测的魅力。它究竟讲了些什么呢？有人说它是一部富有神话色彩的上古地理书，有人说它是一部讲古代物种演化的书，还有人说它是一部远古的吃货宝典……《山海经》涉及山川、道里、民族、矿物、药物、祭祀、巫医等诸多内容，可以说天上地下，无奇不有。其中，最吸引人的是各种神奇怪兽，比如长得像马、身上有虎皮斑纹的鹿蜀，有九条尾巴、叫声像婴儿的九尾狐，声音如猫叫的大天狗，能用四脚行走的人鱼等，还有像大禹治水、精卫填海、夸父逐日、后羿射日等这些流传了千年的神话故事。《山海经》给我们描述了一个稀奇古怪、精彩绝伦的世界，是能够提升我们想象力和创造力的智慧读本。

为了让读者能更好地理解《山海经》，在这版《山海经里的大怪兽》的创作、编辑过程中，我们特别做了以下工作：

1. 添加概览地图：在每章的开篇，都有一幅《山海经》的概览地图，通过这幅地图，我们能迅速了解某卷经里有哪些山、水、矿藏、植物、怪兽以及它们的位置等。

2. 提供翔实的信息：《山海经》是一部经典，为了让孩子能更好地理解怪兽的来源、地理位置等，我们附上了《山海经》的原文、白话文版的怪兽介绍、传说故事，同时将怪兽类型、所处地域等信息单独列出，一目了然。

3. 严谨考据：现存《山海经》古籍版本比较多，有宋本、元本、明本、清本等，如宋淳熙七年（1180）池阳郡斋刻本,《山海经册（四册）》元曹善书、纸本楷书、元至正二十五年（1365）版,《山海经》晋郭璞撰、《钦定四库全书》文渊阁本……我们在引用原文时，综合参考了多个版本的《山海经》，其中主要参考的是《山海经释义》（十八卷，图一卷）晋郭璞注、王崇庆释义、明万历时期大业堂刻本。该本比较清晰，字迹更容易辨识，也有生僻字读音和校注等。

4. 对生僻字注音：《山海经》原文中有很多生僻字，这会导致读者产生畏难情绪。本书特意给生僻字添加了注音，且注音是依据古籍校注、《辞海》（第七版）、《汉语大词典》网络版等，准确有据，让我们可以更加流畅地阅读。

5. 绘制生动的怪兽图鉴：作者千两为每个怪兽绘制了一幅萌趣图像，让怪兽们在纸张上呈现出栩栩如生的形象，它们有丰富的表情、搞怪的动作，堪称活灵活现。让读者一眼就能爱上这些千奇百怪的大怪兽们。

6. 用漫画讲故事：本书中最有趣的部分是千两以“小人”的形象，添加的小思考和小科普，还有一则则好玩的漫画故事，不仅能收获知识，还十分生动、风趣。

玄妙离奇的神话故事，形态各异的神怪异兽，丰富有趣的地理知识……让我们跳出时空局限，打开时空隧道之门，和这些大怪兽们一起去《山海经》的世界里遨游，去了解远古时代天、地、人、兽之间的无穷奥秘，开启一场远古探索之旅吧。